ネットでもリアルでも
圧倒的な結果を出す
セールスの極意

SALES & MARKETING

橋谷義仁 HASHITANI YOSHIHITO

幻冬舎 MC

SALES & MARKETING

ネットでもリアルでも圧倒的な結果を出す

セールスの極意

はじめに

良いモノをつくったのに、思うように売れない——そう頭を抱える経営者は少なくありません。

大量生産、大量消費の時代はすでに終わっています。つくれば売れるというのは過去の話で消費者の目はどんどん厳しくなり、今は本当に良いモノしか売れないのは事実です。だからこそ経営者は、他社にはない素材や技術をもって商品開発に挑み、いくつもの障壁をクリアして生み出した自慢の商品を世に送り出すのだと思います。

しかし、良いモノをつくれば売れるかというとそれは違います。今の日本にはモノが溢れています。せっかくつくったモノも知ってもらわなければ、消費者の購入の選択肢に入ることすらできません。また、その商品の魅力や特長を正しく伝えることができなければ、数多ある選択肢のなかから選んでもらうには至らないのです。

私はこれまで25年にわたってセールスとマーケティングの世界の最前線に立ち、常に圧倒的な結果を出してきました。

最初にセールスの現場に立ったのは21歳のときで、実家の事業が自己破産したことから仕送りをしなければならなくなり、訪問販売で1台40万円のスチームクリーナーを販売する仕事に就きました。売った分だけ給与に反映されるため、どうすれば売れるのか必死に考え実行し、全国1000人の営業マンの中でトップ10の成績を収めることができました。その後に手掛けた某有名シャワーヘッドのEC販売代理店事業では、最初の10カ月だけで売上5億円を突破、1年目から正規代理店300社中、Web販売実績No.1を達成しました。現在は美容と健康に特化したオンラインショップを運営していて1万人を超える固定ユーザーを擁し、自社開発商品や他社の厳選した約50品目を販売し順調に拡大しています。

本書は、そんな私のこれまでの軌跡を紹介しながら、売るために必要なテクニックを説いていきます。

良いモノをつくったという思いが強ければ強いほど、「これは良いモノだから買ってください」と言いたくなると思いますが、私の場合、訪問販売の際、「買っていただかなくても結構なんです」という一言から始めました。自分が良いと思っていても相手が必要ないと思っている場合は、その商品の良さをいくら説明したとしても相手の心は動かないからです。相手が何に悩んでいるのか、ひたすら耳を傾け、応えられる悩みを引き出したときにはじめて商品を紹介します。そのタイミングは訪問してから1時間後のことも2時間後のこともありました。

シャワーヘッドのEC販売の際も、消費者がどういう情報を求めているかを調べ、それに沿った情報提供ができるように、さまざまな入り口と動線をもったサイトを設計しました。対面でのセールスのときと同じように相手の声を聞き、相手のことを思って対話ができるものにしていったのです。

モノを売る際にネットとリアル、それぞれのチャネルに別の方法論を取り入れようとする企業は多いと思いますが、双方の領域で結果を出してきた私の結論は、セールスの本質はネットでもリアルでも同じだということです。その本質は、私が最初にセールスに携わった訪問販売で突き詰めた「セールス3段階理論」というものですが、この理論はその後のEC販売でも通用するものでした。リアルだから、ネットだからと、その都度やり方を変えて本質を見失っていたら、ここまでの結果は出ていなかったと確信しています。

そこで本書では、私が訪問販売やEC販売でいかにして実績を伸ばしてきたのか、セールス3段階理論とはなんなのか、ヒアリングをどんな方法で進め、マーケティングにどう取り組み、売れる組織づくりをどう進めたのかなど、詳しく解説しています。この本が一人でも多くの人のセールスやマーケティングの役に立ち、売れなかったモノが売れることにつながれば、著者としてこれほどうれしいことはありません。

目次

第3章

売れる組織づくり

セールス部門を機能分化して人材を適材適所に配置
成果のでないチームを改革して導き出した売れる組織づくり

第4章

リピート客をつかむ営業
顧客ニーズを吸い上げビジネスチャンスをつくる
リアルな交流のなかから新たな事業の種を見出す

第5章

売れるセールス理論

売れる本質はネットもリアルも同じ「セールス3段階理論」を貫けば結果は自ずとついてくる

第6章 究極は自分が売りたいものだけで勝負すること セールスの原点に立って生産者と消費者のハブになる

第1章　なぜ自慢の商品が売れないのか？

つくれば売れた時代は終わっている

「商品には絶対の自信がある」「こんな良いものは今までにない」――自信たっぷりに市場に送り出したのに、「売れない、目標の半分にもいかない。なぜなんだ？」と困惑する開発責任者や経営者は少なくありません。

確かにモノが売れない時代です。昭和の時代の消費者であれば「あれも欲しいし、これもいい」「次にお金が貯まったらあれを手に入れたい」という、モノへの願望を常にもっていました。最初は白黒テレビと洗濯機と冷蔵庫、次はカラーテレビとクーラーと自家用車、その次はパソコンやモバイル端末などのＩＴ機器、おしゃれな家電製品、さまざまなレジャー用品などへと欲しいモノは広がっていきました。そうした背景のなか、ニーズがあるものならつくれば売れるというのは長らく常識とされてきましたが、実は、その時代はもう終わっているのです。

そもそも今は、モノを所有すること自体を負担だと受け止める人が増えています。所有と使用の分離はあらゆる世界で起きています。できるだけモノは持たず、必要なときに必要なだけ使えればいい、それが現代を生きる人たちのスマートなライフスタイルだと思われています。実際、モノを持てばそれをしまっておくスペースの確保も容易ではありません。所有にこだわるのは〝ダサい〟のです。家や車に始まり、洋服、家電製品や家具、布団、旅に出るときのスーツケースやカメラ、キャンプ道具一式、さらには高級時計や宝飾品、一緒に散歩する犬までレンタルできます。そんなものまで!と驚かされるほどレンタルやリースが広がり、買うこと、所有することを必要としない社会になっています。不要なモノを極力減らす、ミニマルな暮らしこそ理想なのです。

しかし、そんな〝モノを買わない〟社会で、私はモノを売ってきました。

1台40万円のスチームクリーナーの訪問販売では、1年目から全国1000人の営業マンのトップ10に入る営業成績を収め、高額商品を1回の訪問で購入してもらいました。もちろん販売後のクレームは1件もありません。すべての顧客が喜んで購入してくれたのです。私はすぐに支店長に引き上げられて全国各地の成績の上がらない支店の再生を任され、また全国の営業マンにセールスの指導をしました。

独立して起業したあとのあるシャワーヘッドの正規EC代理店としての販売では、初月に1億5000万円の売上を記録しました。急増する発注に生産がまったく追いつかず、納品は3カ月待ち、メーカーが慌ただしく工場のライン新設の検討に入るという状況をつくり出しました。

スチームクリーナーもシャワーヘッドも、いずれも周囲からは「まぐれ」「ラッキーなだけ」などと皮肉られましたが、決してそんなことはありません。それまでのセールスやマーケティングに関する勉強や下積みがあっての結果です。

商品や市場の見極め、セールストークの研究、モノを売る仕組みとしてのマーケティングの工夫、コミュニケーションの深化を念頭におき3段階に分けた顧客との関係づくりや、営業マンそれぞれの良さを引き出す営業分業制の採用、さらに顧客が購入の決断へと進むときの思考経路や消費者心理学の研究、一度のモノ売りで終わらない顧客との長期的な関係の構築など、私はあらゆることを学び、実地で試しながら販売に力を注いで大きな成果を上げてきました。確かにモノは飽和しています。黙って差し出しても売れません。しかし、商品に凝縮されている顧客にとっての価値を取り出して示すことができれば、欲しいと思う人はたくさんいます。それを可能にするのが売る力、つまりセールス力でありマーケティング力です。小手先の工夫ではありません。それは相手への思いやりの具現化です。モノを売るということは、相手の毎日を豊かにしたい、もっと幸せにしたいという痛切な思いから出てくる行為です。自分が儲け、自分が豊かになることだけではありません。私はリアルでもネットでもそれをまず自分の根底に据え、そこから導き出されるさまざまな工夫を積み重ねることで驚異的といわれる売上を記録してきたのです。

市場環境は大きく変化しています。国際通貨基金（ＩＭＦ）によれば日本の経済規模を示すＧＤＰ（国内総生産）の実質成長率は２０２１年で約１・６％にとどまり世界１５７位です。バブル崩壊以降、失われた30年と呼ばれる日本経済の低迷は世界でも際立っています。

しばしば指摘されているように、ＩＭＤ（国際経営開発研究所）が毎年作成している「世界競争力年鑑」で、日本は１９８９年から１９９２年まで世界第１位に君臨していました。しかしその後は年々ランクを下げ、２０２２年は過去最低の34位となりました。世界の企業の時価総額ランキングでも、２０２１年３月時点で上位50社に入っている日本企業は41位のトヨタ自動車１社だけです。かつて１９８９年には上位50社のうち実に32社が日本企業であり、しかもトップ５を独占していたことを考えるとこの30年余りの日本の没落は目を覆うばかりです。

今後の主要国のＧＤＰ伸び率の予測でも、１９９５年比で２０５０年には、

日本の競争力総合順位の推移

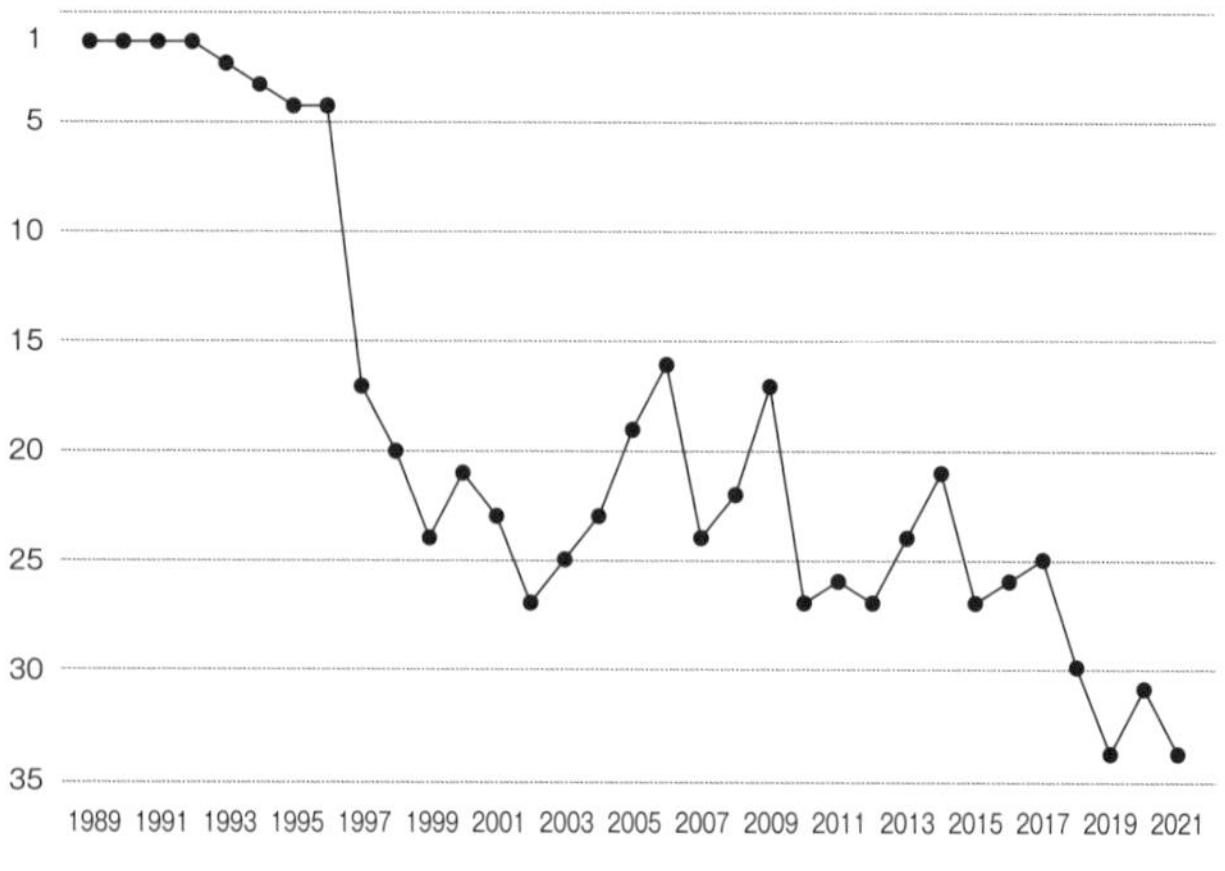

出典：三菱総合研究所「IMD「世界競争力年鑑2022」からみる日本の競争力　第１回：データ解説編」

EU加盟国が2・5倍、アメリカが3・1倍、カナダ3・1倍、中国が18倍、インドが25・3倍、インドネシアが9倍などと見込まれるなか、日本はわずか1・7倍にとどまっています(国土交通省「我が国の経済成長について」)。

それでもGDPは世界第3位ではないかという人があると思います。しかし、それは世界第11位、いわゆる先進国と呼ばれる経済協力開発機構(OECD)加盟38カ国中では第3位という人口による市場規模が寄与している面が大きいのです。しかも、多くのエコノミス

主要国のGDPの変化(USドル)

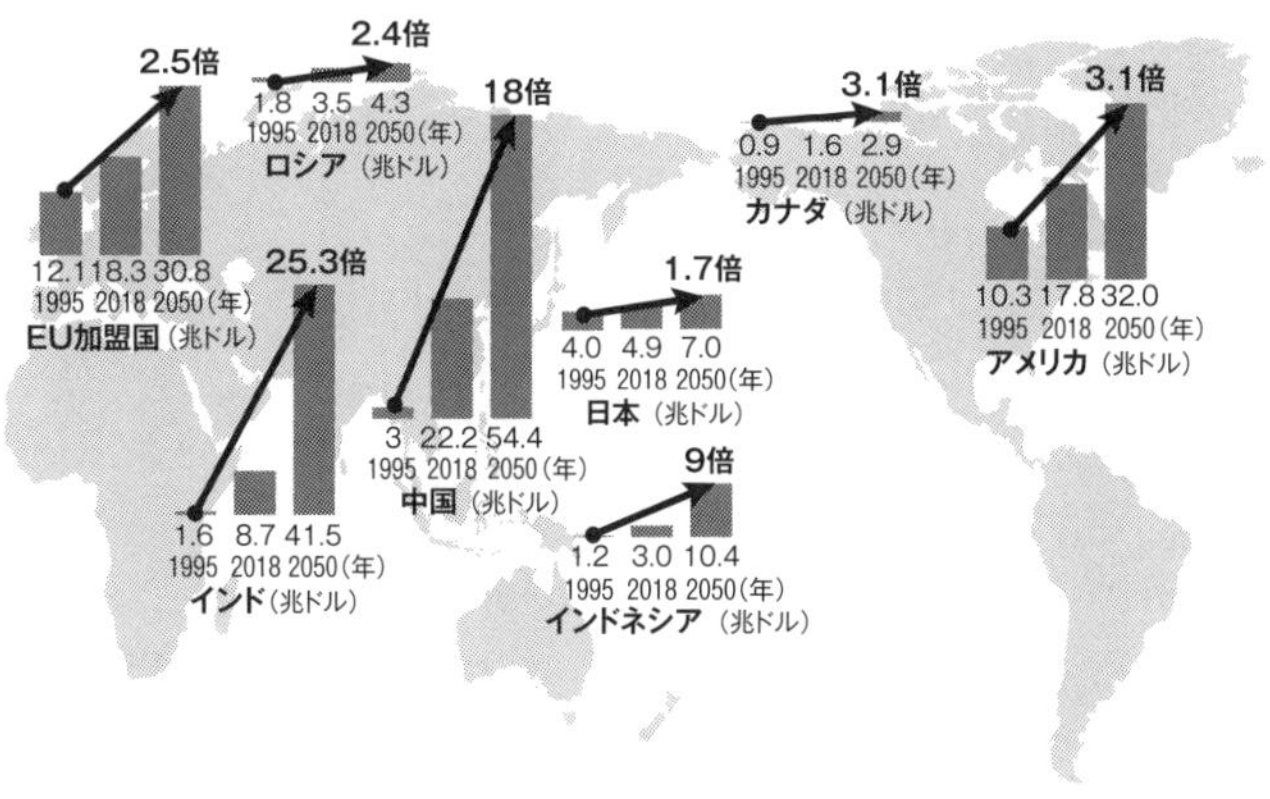

出典:Economic Outlook No103-July 2018-Long-term baseline projectionsより国土政策局作成。
※GDPの単位はドルベースの購買力平価。2050年の値は予測。
※EU加盟国は、OECD加盟国のうちEUに加盟している23カ国(2020年に離脱したイギリスを含む)。

トの予測では日本のGDPは2023年中にも総人口約8000万人のドイツに抜かれて第4位に転落するといわれています。1968年に世界第2位となった日本は42年間にわたってその位置をキープしましたが、2010年に中国に抜かれて第3位になり、間もなく第4位に後退しようとしているのです。

イノベーションの停滞、労働生産性の低さ、働き手の多様性の欠如など、日本の経済や社会に特有な問題が指摘されていますが、長期低迷の背景として見逃せないのは2008年から始まった総人口の減少と並行して進む急速な少子高齢化です。

国土交通省の情報によると、日本の総人口は2008年をピークに一貫して減少を続け、2020年からの1年で約64万人、さらに2021年からの1年で約67万人の減少と、減少幅も拡大の一途です。現在の高知県一県の人口が約67万3000人ですから、これに匹敵する人口がわずか1年で消えてしまったことになります。しかもこの減少は今後も同様のペースで続いていくとみられています。

少子高齢化の進展も深刻です。出生数は戦後間もなくの1949年に約269万6000人、第2次ベビーブームといわれる1973年には約209万2000人に上りました。しかしその後はわずかに上昇に転じた年もあるものの、ほぼ一貫して下降線をたどり、２０２１年には約81万１０００人まで低下、２０２２年はついに80万人の大台を割りました。これは従来の国の予想より８年も速いペースです。そのため高齢化率も高まり２０２２年には29・１％にまで上昇しています。

総人口が増え、活発な働き手であり消費も旺盛な15歳から64歳までの生産年齢人口が増え続けたからこそ内需は拡大し、モノが売れたのです。「人口ボーナス」という言葉があり

出生数および合計特殊出生率の推移

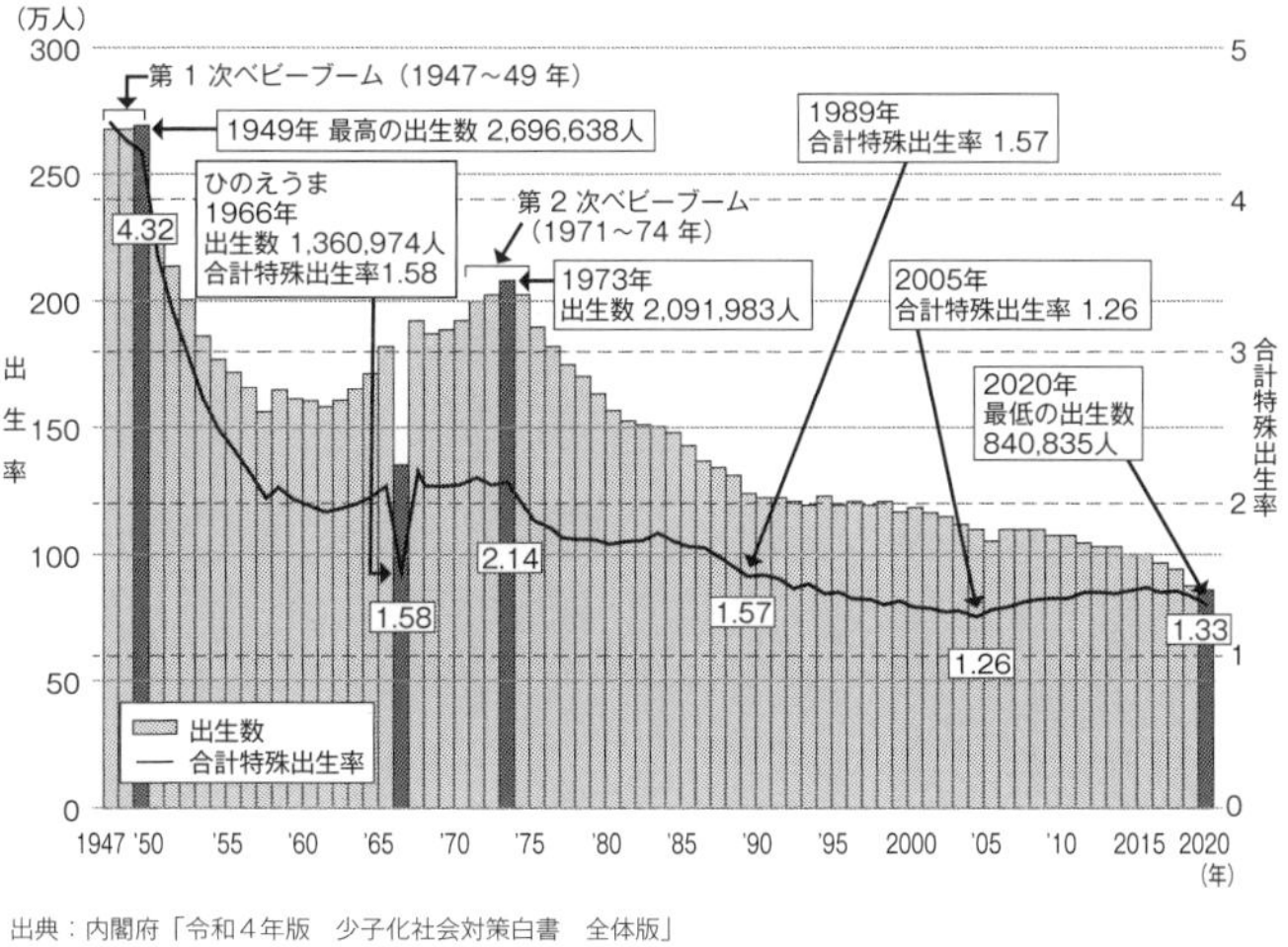

出典：内閣府「令和４年版　少子化社会対策白書　全体版」

ます。これは生産年齢人口が、その前後の14歳以下と65歳以上のいわゆる「従属人口」を2倍以上上回る状態であることを指すものです。この人口構成なら労働力が豊富である一方、教育費や医療費などの社会保障費が抑えられるため、経済成長を後押しする効果があります。

まさに日本はこの人口ボーナスにも助けられて戦後間もなくから1990年頃まで大きな経済成長を達成してきました。例えば1965年の生産年齢人口は総人口の約68%、これに対して高齢者は約6%、14歳以下が約26%でした。1990年でも生産年齢人口約70%に対して、高齢者が約12%、14歳以下が約18%です。

しかし今、人口構成は大きく転換し、2021年の生産年齢人口は総人口の約59%にとどまる一方で、高齢者が約29%、14歳以下が約12%となっています（以上、人口に関する統計は厚生労働省、国立社会保障・人口問題研究所による）。もはや人口ボーナスは存在せず、むしろ人口オーナス（負担）になっているのです。市場は縮小し活力を失っています。確かに日本人は勤勉で器用で、品質の高い商品を次々と世の中に送り出す能力がありました。しかし、それは旺盛な内需に支えられていたからこその強みでした。

2021年時点における人口

		2021年10月1日		
		総数	男	女
人口（万人）	総人口	12,550	6,102（性比）94.6	6,448
	65歳以上人口	3,621	1,572（性比）76.7	2,049
	65～74歳人口	1,754	839（性比）91.7	915
	75歳以上人口	1,867	733（性比）64.7	1,134
	15～64歳人口	7,450	3,772（性比）102.6	3,678
	15歳未満人口	1,478	757（性比）105.0	721
構成比（%）	総人口	100.0	100.0	100.0
	65歳以上人口（高齢化率）	28.9	25.8	31.8
	65～74歳人口	14.0	13.8	14.2
	75歳以上人口	14.9	12.0	17.6
	15～64歳人口	59.4	61.8	57.0
	15歳未満人口	11.8	12.4	11.2

資料：総務省「人口推計」令和3年10月1日（令和2年国勢調査を基準とする推計値）
（注1）「性比」は、女性人口100人に対する男性人口
（注2）四捨五入の関係で、足し合わせても100.0%にならない場合がある。

良い商品はもちろん、それほど良いものでなくてもつくれば売れた時代だったのです。経営者や営業マンにとって幸運な時代でした。

しかし現在、モノは飽和しています。「どうしても欲しい」というモノは高度経済成長の終焉とともにな

くなりました。

日々の生活を便利に快適にする家電製品は十分に行き渡っています。1960年代、1970年代なら一家に1台が当たり前だったカラーテレビやエアコンも、今では各部屋に1台ずつあります。一般的な家電製品の性能は成熟し、技術的な工夫の余地はほとんど残されていません。どのメーカーのモノを買っても性能は変わらず、すぐに買い換えたくなるほどの新機能を搭載したものも現れません。消費者は戦後のどの時代に比べても十分過ぎるほど満たされています。

2013年には個人が不要になったモノを気軽に売買できるフリーマーケットアプリ「メルカリ」も登場しました。それまで街の小さなリサイクルショップが細々と扱っていたリユース品のマーケットが個人間の気軽な中古品取引市場として確立、スマートフォンの普及とともに一気にブレイクして2015年6月に42億円だったメルカリの連結売上高は2021年には1061億円に達しています。このCtoCの新たな中古品流通市場の誕生も、モノが売れないという環境を後押しするものでした。

さらに、モノの充足した時代に生まれ成長し、現在は消費者として経済の一角を担うミレニアル世代(1980年以降に生まれ、2000年代に成人した世代)は、当然ながらモノに対する執着が薄く、後続するいわゆるZ世代も、モノを所有することへの執着をもっていません。必要なときに必要なだけ利用できればいいと考える世代です。そして彼らこそこれからの個人消費市場の中心的な担い手となるので、ますますモノが売れなくなるというわけです。

こうした時代に、なお、お金を出して手に入れたいと思わせるためには、顧客の頭の中に今までにない体験価値が得られるモノ、未充足のニーズが満たせるモノという認識をつくらなければなりません。どんなに技術的に優れていても、また競合会社の商品に機能で勝っていても、顧客がそれを価値あるものと思わなければ何の意味もありません。

技術が行き渡り、どの企業でも同じようなレベルのものがつくれるようになると、価格競争が始まりました。安くしなければ売れなくなり、そのため人件費が削られて給与が下がり、ますますモノが売れないという負のサイクルに突入しています。

商品のもつ価値はすべての人にとって一律というわけではありません。100人の顧客がいれば100通りの価値観があります。商品がいかにすばらしいか、高度なスペックをもっているか、それを繰り返し訴えても顧客の心には響かないのです。

良い商品だから売れるのではない

商品を買って自分のものにしたいという欲望が薄れ、モノをつくっても売れない時代に変わっても、なお売れるはずだと思い込んでしまう背景には、多くの商品開発が技術者主導で行われているという事情があります。

私が事業を進めている美容・健康関連業界でも「最高の原料を惜しみなく使った」「今までにない高い効果が得られる」といった開発者の自己満足としか思えない理由で原材料が選択されたり効能が決められているものが数多くあります。技術者は往々にして顧客の視点ではなく自らの高い技術を表現したいという思いで開発に臨みます。そのため完成した商品はオーバースペックで、実際にはそこまでの効能を求めている人がいないということが少なくありません。

「すごくいいものだからみんなが喜ぶ」「40代の女性はみんなこの悩みがある」などと

語りながら、改めて「みんな」とは具体的に誰のことかと聞いてみると、ただ感覚でそう言っているだけで、別に具体的なデータがあるわけではない、という返事が返ってきます。

こうした顧客の要望を具体的に想定しない商品開発は、高度経済成長期のものづくりの成功体験に根ざしたものです。当時は、何が求められているかは自明であり、わざわざ顧客に聞きに行く必要はありませんでした。

「大きいことはいいことだ」(森永製菓 1967年)、「やめられない、とまらない」(カルビー 1969年)、「隣のクルマが小さく見えます」(日産自動車 1970年)といったキャッチコピーがはやったように、大きいとか量がたっぷりあるという価値は誰にも当てはまる自明のものでした。求められている価値は、より大きく、より速く、より効率的で価格が安いものであり、それは顧客なら全員が等しく求めているもので、改めて疑ったり精査すべきものではありませんでした。技術者が最高の技術力を発揮し、経営者が努力して販売価格を抑えれば、それでよかったのです。少しでも良いものをできるだけ多くの人に安く提供することこそ経営者の使命でした。実際、そうすることによってモノは売れました。松下幸之助さんの「水道哲学」はそうした時代を象徴する考え方です。

「本当の経営とは何か」と考えた松下幸之助さんの答えは、自社の製品を水道の水のようなものとして提供することでした。耐えがたい喉の渇きを覚えて、つい他人の家の蛇口から水道の水を飲んでも、その無作法が咎められることはあっても、「水を盗んだ」「弁償しろ」と追及されることはありません。日本において水は当たり前の存在であり、また安価なので一口二口飲んだからといって高い代償が求められるものではないのです。彼はここに経営の王道を見ました。良いものをたくさんつくり無料にも等しい価値にして万人に提供することこそ、経営者が目指すべきものだとしたのです。その結果、安く誰にでも手に入ることが正義になり、これが彼の「水道哲学」として知られるようになったのです。

企業活動の目的を私的な利益追求にせず、価値のあるものを世の中に広く提供するという社会の公器としての考え方には傾聴すべきものがあると思います。「良いものを安くたくさん誰にでも」ということは簡単なことではなく、実現のためには経営者のすぐれた手腕が必要です。しかしこのスローガンは、いみじくも水が例に取り上げられているように、良いものとは何か、提供しなければならないモノは何か、ということが誰にとっても自明である時代のものです。だからこそ安く、すべての人にということが目標になります。工業化が進展し、大量生産・大量消費時代となったからこそ出てきたスローガンです。しかし今、万人が等しく価値を認めるモノはすでに行き渡り充足しています。「良いものを安く誰にも」といってものづくりをしても、激しい価格競争の波に飲み込まれて立ちゆかなくなるだけです。

「水道哲学」は商品が備えるべき価値が自明であった高度成長期のものです。もはや共通価値は存在しません。「何が良いものであるかは自明」という前提でモノをつくり、つくってから売り方を考えても、求めているマーケットはもうないのです。

誰にどうやって売るのか

売れないモノをつくってしまってから営業の尻を叩いたり、広告費をかけて露出を増やしたりしても、もともとそれを求めている人がいないのですから売れるようになるはずはありません。

商品がもっている力以外のもの、つまり強引な話術や景品や一時的な値下げなどの外からの力で売ろうとしたら、いったんは売上が伸びることがあっても、継続はしません。むしろ購入した側の商品に対する不満が顕在化することになります。

インターネットが身近な情報インフラとして定着している今日では、誰もが簡単に情報を発信することができ、ネットに載せればなんとかなると甘い見通しを立てる経営者もいます。今や中小企業の90％近くが自社ホームページを開設しています（総務省「通信利用動向調査」２０２２年）。独立行政法人中小企業基盤整備機構が集計している２０２２年における日本の中小企業数は約３６０万社ですから、単純計算でも３００万の企業ホームページがあり、その他、オウンドメディアとして開設されているページを含めれば少なくとも数百万ページが稼働していることになります。その中から自社商品を見つけてもらうのは簡単ではありません。

しかもネット上の情報は、誰でも手軽に発信できるものであることから信頼性・信憑性が低いというバイアスがかかっています。実店舗のようにその商品についてスタッフと細かくやりとりをしてより深い商品情報を得るという機会はありません。インターネットサイトは情報を載せること自体は簡単でも、多くの人が初めて商品名を目にするようなものがどんどん売れるような場所ではありません。

開発者が良いと思った商品が売れるのではないのです。顧客が良いと思った商品が結果として売れる商品になるだけです。その商品が良いかどうか、提供側はそれを決めることはできません。「売れない」を「売れる」に変えるセールスもマーケティングも、その認識からしか始まりません。

商品はあらかじめ絞り込んだ顧客の具体的なニーズに対して、明確な提供価値をもつモノとして開発されなければなりません。そして、その提供価値が顧客のニーズにどのように応えるのか、それを分かりやすく、入り口から出口まで、しっかり設計されたコミュニケーションを通して示すことが必要です。そのコミュニケーションの内容はリアル販売でもインターネット販売でも変わりません。やりとりのスタイルこそ異なりますが、必要となる内容や踏むべき段階は同じです。そのコミュニケーションをいかに気持ちの良いものとしてつくりあげるのか、そこに売るためのすべてのエッセンスが詰まっています。

今の時代でモノを売りたいのなら、顧客とのコミュニケーションをどう組み立てるのかという緻密な設計をしなければなりません。

第2章 セールスの基本

商品を売る相手より、商品を売る自分を分析する
高額商品の訪問販売で学んだセールスに必要なこと

セールスの基本が詰まった訪問販売

訪問販売というと、何か特別なテクニックや押しの強さが必要な、セールスの特殊ケースと受け止める人がいると思いますが、そうではありません。このセールスのスタイルには売るための重要な原則がすべて集約されています。

相手はこちらが売ろうとする商品が自分にとって必要なのかどうか、そもそもどんなものなのかまったく分かっていません。何の準備もない白紙の状態です。その相手に一対一で向き合い、こちらの提供する価値を認めさせたうえで、購入を決断させるというゴールまで到達しなければならないのが訪問販売です。これは単なるテクニックでは実現しません。

まずどういう商品なのかという理解、それが自分の生活に未体験の新しい価値をもたらすものだという認識、さらにその場でお金を出してすぐ手に入れようという決断――このすべてのプロセスを1回のトークで実現しなければならないのです。テクニックだけで強引に売れば、すぐにクレームになりクーリングオフ（契約後の契約撤回）になるだけです。

訪問販売でいかに売るかという検討や考察こそ、売るための最善のコミュニケーションとは何か、それはどう組み立てればいいのかというセールスの基本を教えてくれるものになるのです。

私自身、まず訪問販売の世界に入ったことによってセールスの大切な原則を学ぶというスタートを切ることができました。

やりがいのある仕事を求めて転職を繰り返す

私は最初からセールスの世界を目指していたわけではありません。小学校を卒業する頃は、将来会社の社長になるのだと漠然と決めていました。電車の運転士になるとか消防士になるとかプロ野球選手になるとか、そういう少年らしい具体的な目標はもっていませんでした。家業は街の小さな電気店で、父親がすべてを切り盛りし、母親が経理や事務を助けるという典型的な個人経営の店でした。

私は義務教育を終えたらすぐどこかに勤めようと思っていました。しかし両親から高校は出ておくように言われ、それもそうだと思って当時の学力で自分が入れそうな地元の工業高校に進みました。入学したとはいえ、もともと何かをするという目標があったわけでもありません。その高校はＰＣが１人１台用意されているという当時としては充実した学習環境が自慢だったこともあり、そこでプログラミングを覚えるなどしていました。しかし、だからといって特に情報システムの勉強に熱中するということもなかったのです。起業するならどういう業界のどんな事業がいいだろうということは漠然と考えていましたが、もともと勉強が好きだったわけでも成績が良かったわけでもなく、遊びに明け暮れていたというのが実情です。みんなに置いていかれないようについて行くだけでした。

そんなちゃらんぽらんな高校生活を3年送って、いよいよ私も就職ということになりました。

最初の就職先は学校からの紹介です。情報関連大手企業のデータ管理部門で、そのときは多少、高校での勉強が役に立ちました。

金融関係の取引先からリアルタイムで入ってくる情報を入力し直して専用のデータベースに保管していくという作業です。地元の鳥取県から単身上京して寮生活をしながら、窓のない地下室の仕事場で3交代制の勤務に就きました。単調で、決して楽しいものではありません。特に夜勤のシフトのときは退屈の極みです。夜は金融機関は動いていないのでデータが入ってきません。作業はなくほとんどが待機なのです。先輩社員は先物取引の情報を集めて投資の真似事をしたり、あるいは花札で遊んだりして適当に時間を潰していましたが、私はその時間が無駄に思えて仕方がありませんでした。当時の自分に確固たるキャリアプランがあったわけではありません。しかしこの時間は自分の人生に何一つプラスになっていないと感じて転職を考えました。勉強好きというわけではありませんでしたが、はっきり無駄と分かっている時間を過ごすことは、とても嫌だったのです。

転職の条件は小さな会社であること、そして、自分の仕事が評価されて給料に反映されるような仕組みがあることです。いずれも最初の会社にはなかったものです。

ただし、転職といってもどうしていいか分からないのでコンビニで就職情報誌を買い、そこで見つけたのが中小企業相手にビジネスフォンを飛び込みで販売する通信関係の会社でした。社員は3人、固定給は16万円でプラス歩合給があるということで条件にはぴったりです。

早速電話をかけてみると、よほど人が欲しかったのかすぐ面接に呼ばれ、あっという間に仕事をしてほしいという話になりました。担当エリアはありますが、具体的にどの会社に飛び込みどんな機種をどのように売り込むかは自由です。どうすれば売れるか、自分で考え営業トークも工夫しました。するとすぐにそれなりの販売実績を上げることができました。当時は回線の自由化を背景にビジネスフォンのデジタルへの切り換えがどんどん進んでいるときです。それが追い風になっていたのだと思います。会社の役に立てているという実感もあり、満足のいく転職でした。

ところが移動経費が支給されないこともあり、転職に際してアパートも新たに借りていたので毎月の生活がやっとという状態です。しかも、入社半年後に社長の同級生という人が何の実績もないまま部長職で入社して私にうるさく指示するようになり、期待した歩合給がいつまで経っても支給されないことに腹が立って、半年後には再び転職を決意せざるを得ませんでした。しかし、なかなかこれという職が見つかりません。もう歩合給は懲りたので固定給でしっかり稼ごうと思い、いつものようにコンビニで手に入れた情報誌で仕事を探し、トラックドライバーに応募しました。私は車の運転は嫌いではありません。

仕事は難しくありませんでした。一定の場所で荷物を積み、それを関東圏内の複数の配送先で降ろすだけです。ただし配送先によって、営業開始時間や荷物の受け入れに都合の良い時間は異なっています。どういうルートで回れば無駄がないか、道路の混雑事情も考慮しながら配送ルートを考え、それに従って先に降ろすものが手前になるように荷台の奥から積み込んでいく――効率を考えていろいろと検討するのは、むしろ面白いと感じました。

しかしこの仕事には大きな問題があったのです。それはほとんどしゃべらなくなるということでした。「荷物お届けに来ました」「ありがとうございました」毎日、口にするのはこれしかないのです。私自身、別におしゃべりが好きな人間ではありませんが、それにしてもトラックドライバーという仕事は職場での付き合いがまったくないので人とのコミュニケーションはほぼゼロです。これはかえって辛いものがありました。面白い人に出会ったり、人を通して刺激を受けたり新しいことを学ぶといったこともありません。

さらに問題がありました。ルートの工夫のおかげで私は同僚のドライバーの誰よりも早く倉庫に戻るのですが、その時間を利用して翌日の荷物を積もうと思ってもできないのです。なぜかというと倉庫には、大きな車から荷物を積み込むという暗黙のルールがあり、先に戻っても結局は大きな車の帰庫を待たなければならないのです。時には待ち時間が3時間にもなりました。ぼうっとしていても仕方がないので、将来のためと思い起業や会社経営、商法や民法に関する本などを車の中や倉庫の片隅で読んでいましたが、仕事が終わっているのに拘束時間が延々と続くのは苦痛でした。固定給ですから仕事の効率を上げても上げなくても収入は同じです。1年半を過ぎて、これはもう一度転職するか起業に踏み出すか、どちらかだなと考えていました。ちょうどそのときのことです。実家で事件が起き、嫌でも次のステップに進まなければならなくなりました。なんと実家が自己破産してしまったのです。

家業が抱えた7000万円の借金

電気店の店主であった父には人の良過ぎるところがあり、メーカーの営業マンから新商品の仕入れを頼まれると、売れる当てもないのに引き受けてしまうのです。そのため広くもない倉庫は売れ残りの旧型商品でいっぱいでした。その傾向は私が中学、高校に通っていた頃からあり自転車操業が続いていたことは知っていたのですが、私が単身上京して3年が過ぎた頃に、自己破産するしかなくなったという連絡が実家から入りました。

借金は街の消費者金融の高利なものも含めて7000万円に上り、当然、実家の建物も土地も借金の担保になっていますから、両親は立ち退きを余儀なくされました。

間もなく、私より先に東京に出て自分の夢を叶えてテレビ番組の制作会社でバリバリ仕事をしていた4歳上の兄が実家の急を知り私のアパートを訪ねてきました。「オヤジはいいがオフクロのことが心配だ。相当参っているらしい。俺はテレビ局を辞めて実家に戻る。日雇いでもなんでもして稼ぐつもりだ。おまえはまだこっちに来て間もないから、このまま頑張って働け。実家のことは気にしなくていい」と言うのです。私もできる限り実家の力になりたかったのですが、確かに田舎に戻っても割のいい稼ぎになる仕事がたくさんあるとも思えず、兄の言葉に甘えて私は東京に残り、できるだけ稼げる仕事に移って仕送りをしようと決意しました。3度目となるトラックドライバーからの転職の条件は明確でした。歩合給の営業職で、できるだけ稼げるところです。

いつものようにコンビニで就職情報誌を手に入れて、そのページを繰っていると、掃除に使う外国製の高性能スチームクリーナーを訪問販売するという仕事を見つけました。固定給は少なめですが歩合給の割合が大きく、売れば売っただけ収入になります。今の自分にはうってつけだと思いました。早速連絡するとすぐ面接に来てほしいと言われ、そのままトントン拍子で入社が決まりました。とにかく1台でも多く売ることが私の目的です。どうすれば売れるのか、どんな工夫が必要なのか――セールスやマーケティングの工夫というその後の一貫した私の追求がここから始まりました。

訪販は初対面の1回がチャンスのすべて

私が販売するのは外国製の高性能スチームクリーナーです。1台40万円と非常に高価ですが、薬品をいっさい使わず高温高圧のスチームだけで微細な汚れまで落とします。環境への配慮という点でも優れた商品でした。

アポイントを取って訪問し、エアコンや換気扇などを実際にスチームクリーナーを使ってお試しで清掃、それを見て魅力を感じてもらえたら機械の購入契約に進み、購入しないということであれば、1000円程度のお試しの清掃代金だけもらうというのがビジネスの流れです。再訪はしません。1回の訪問がすべてです。また訪問は1人で行い、商品説明やお試し清掃の実施、さらに契約を交わしたり集金したりするのも、すべて訪問した営業マンが行うことになっていました。たった一度の訪問だけで40万円もする商品を売るというのはかなり難易度の高いセールスになります。顧客の側からいっても、アポイントは事前に了承しているとはいえ、名前も知らない未知の会社から訪ねてくる初対面の営業マンの勧めで、その場で40万円の買い物を決断するというのはかなり勇気のいることです。「主人と相談してみます」「2、3日時間をください」となるのが普通です。しかし、こうした訪問販売の例に漏れず「時間を空けたら断られるので即決で売る」というのが大原則になっていました。

入社すぐに商品の詳しい説明を受け、使用方法を実地で学びました。その後の最初の仕事は与えられた電話リストを頼りにかたっぱしから電話をして訪問のアポイントを取ることです。1日300件くらい電話しました。その合間に先輩社員とロールプレイングを重ねて訪問時のトークを覚えていきます。

新入社員は誰でも、1日4件のアポイントが取れたら独り立ちして外訪専門になるというルールでした。私の同期入社は5人いましたが、私以外の4人は早い人では3日、遅くても1週間ほどで目標をクリアしてセールスに出ていきました。そんななか私は、4件のアポイントがなかなか取れません。セールスに出ていかないことには、低く抑えられた固定給しかありませんから焦りが募ります。そこで私は、アポイント専門のパート従業員の話し方に耳を傾け、そのまねをしました。相手からすれば、いきなり見ず知らずの人間から売り込みのための電話がくるわけです。受話器を取り上げてセールスの電話だと分かった瞬間に、切りたいというマインドになるのが一般的です。対面していればその拒否感を和らげて話を前に進める方策もありますが、電話なのでそんな状況でも話をするしかありません。切られることなく、スムーズなコミュニケーションを実現するためには、声のトーンや話し方も重要でした。また警戒心を解いてもらえるような話題の提供などについても工夫を重ねました。

入社2週間が過ぎた頃にようやく4件のノルマを達成し、晴れて外訪専門になりました。当初の3日間は先輩社員のアポイントに同行させてもらって現場の様子や話の進め方を見学し、その後は完全に独り立ちして、毎日、テレアポ専門の従業員から午前1件、午後1件、合計2件のアポイントを受け取ってセールスに専念しました。実演を伴うセールスが必要で時間がかかることから、1日に2件が最大なのです。

訪問販売は1回の訪問がすべてです。話をどう切り出し、どのようなやりとりをしてクロージングへと進んでいくか、セールスのあらゆる要素が凝縮されています。うまく説得できないからといって、その日は切り上げて次回に先送りというのは許されません。

私は訪問販売という1回限りの濃密な場で、セールスに関するすべてを学ぶことになりました。

〝押し〟で売ろうとしたらコミュニケーションは成り立たない

会社は全国各地に40以上の支店をもち、合計で1000人くらいの営業マンが働いていました。当時社内で言われていたのは、契約獲得率が16％くらいあれば〝赤字社員〟ではない、20％以上であれば会社の利益に貢献しているということでした。

社会人になったのが19歳の時で、それからスチームクリーナーの販売会社に来るまでの3年間に経験した3つの仕事で、人と話し人を説得してモノを売るという経験は約半年間続けたビジネスフォンの販売だけでした。もともと話をしてモノを売るというのは自分の得意分野ではありません。

実際、最初は苦戦しました。16％も私には高いハードルでした。2週間で20件訪問したら3件から4件は売らなければならない計算です。「なかなか契約が取れない」と先輩に向かって弱音を吐くと「経験がない、才能もないと思うなら人の3倍の努力をするしかない」と言われ、それからはすべて3倍を意識しました。ロールプレイングの回数も3倍、先輩への質問も3倍、営業に関するビジネス本を読むのも3倍を心掛け、空いた時間はとにかく先輩をつかまえてロープレの相手を頼み、いろいろな場面に応じたトークを覚えていきました。特に親しくなった同僚がいたので、近くに先輩がいないときはその同僚が外に出ていても電話でつかまえて、そのまま電話でロープレを頼んだりしていました。あえて厳しい反応をしてくれるようあらかじめリクエストして、話をどう進めていけばいいのか研究を進めました。私の営業経験は乏しくても、先輩や同僚は私が経験したことがないような顧客からの質問や意見に数多く接しているので、ロープレは擬似的なものとはいえ経験の幅を広げてくれます。こんな反応もあるのかと思いながら練習を重ねるうちに、自分のトークの幅が少しずつ広がっていきました。

またロープレの内容も目的に合わせて意識的に変えました。営業がうまくいかないときは売れるイメージも湧かず金輪際売れないのではないかと自信を失いがちです。そんなときは購入に積極的になってくれる良い客を演じてもらって、売れるイメージが湧くようにしました。また、自分のスキルをもっと上げるという目的のときには、「結構です」と頑なに断ってくる顧客を演じてもらったりしました。

訪問販売の世界にはセールスのプロが集まっています。彼らはなぜ初対面の1回限りの面談で高額の商品を売ることできるのか――そこで私が見つけた原則の一つが「押しで売らずに引きで売る」ということです。

買ってほしい、契約が欲しいという気持ちが強過ぎると、とにかく説得しようというスタンスになります。十分納得していない顧客を押しの一手で説き伏せてしまおうとするわけです。典型的なのは「これを買わないと結局大損する」「今買わないときっと後悔する」といった脅しに近いようなセリフを吐いて決断を促すやり方です。仮にその結果購入してもらうことができても、顧客は納得して自分から欲しいと思ったわけではありませんから、少し時間が経ったり、何か不満を感じるきっかけがあれば必ず目が覚めます。「押しつけられた」「解約したい」というクレームになってしまうのです。そうではなくて、顧客の悩みを引き出し、その解決に役立つモノだということを示せば向こうから「ぜひ欲しい」と言ってもらえます。いわば引きで売るということです。これは絶対にクレームになりません。必要なのは相手のなかでの納得なのです。私は断られてもいい、という気持ちの余裕をもって接することを心掛け、実際「もしいらなかったら買わないでくださいね」と前置きしてからクロージングをするようにしました。「押し」で売ろうとする人間は、「断ってくれていい」などとこちらから隙を見せるようなセリフは絶対に吐きません。しかし「引く」ことで逆に私の契約件数は増えました。こちらの心のゆとりがいいほうに出るのです。3カ月目に入るくらいから私の契約率は16％を超えるようになりました。同僚のなかにはあとから上司が呼び出され、最終的に訴えられたケースもありましたが、私が販売したモノでその後クレームになったものは1件もありません。そもそも引かなければ、コミュニケーションは成り立たないのです。

相手ではなく自分を分析する

日々のセールスで私が工夫したことの一つに「振り返りノート」があります。会社からは毎日日報を書くように言われていましたが、これとは別のものです。会社が求める日報は、それについて上司からコメントが戻るわけでもなく、そもそも上司が全員のものを読んでいるのかどうかも怪しいものでした。支店長が社員を管理しているという格好をつけるためだけのものとしか思えず、書くことそのものが仕事になっているという印象がありました。無駄だと思いつつ最低限のものを出していました。同僚も同じだったと思います。その後は書くのも止めてしまいました。

営業日報の代わりに始めたのが「振り返りノート」です。自己反省のための自主的で個人的なまとめです。セールスに出るようになって4カ月目くらいから書き始めました。「引いて売る」ことを学んだりして少しずつ結果も出て「16％超え」も達成したのですが、入社4カ月目頃に少し足踏みした時期があり、それがきっかけです。

そもそも当時の私は、必死にやっているうちに結果が出始めたというだけで、特別な戦略をもって成果を上げていたわけではなく、どこが良かったのかという理由も明確ではありませんでした。たまたま良い顧客に続けて出会っただけという可能性もあります。このままではいつダメになってもおかしくありません。どこがうまくいったのか、ダメだったときはどこがまずかったのか、きちんと振り返っておかないと良かったことの再現もできないと思って始めたものです。

1件ごとにまず「訪問年月日、時刻、滞在時間」「天気」「訪問した家の種別（戸建て、マンション）」「家族構成」「説明した対象者」などの基本情報を自分でつくったフォーマットに従って記入したうえで、定型的なチェック項目とフリーに感想を記入するスペースを設けました。

チェック項目は「自分の第一印象はどうだったか」「身だしなみは整っていたか」「挨拶は元気にできたか」「入室から退室まで、ずっと笑顔でいられたか」といった自分の立ち振る舞い、印象に関するものと、「その日の段取りの説明と商品の説明は十分だったか」「商品に興味をもたせることができたか」「清掃のデモンストレーションはうまくできたか」「機械の使い方を分かりやすく示すことができたか」といったプレゼンテーションに関わること、そして「どのくらい気に入ってもらえたか」「いいねと言ってもらえたか」「欲しいと思ってもらえたか」「クロージングはきちんとできたか」という振り返り項目をつくり、〇×や5段階評価でチェックするようにしました。

またトーク内容についても、初対面の挨拶を第1段階としてその後を5段階に細かく

日々のセールスにおける振り返り項目

訪問年月日、時刻、滞在時間：
天気：
訪問した家の種別（戸建て、マンション）：
家族構成：
説明した対象者：

	1	2	3	4	5
自分の第一印象はどうだったか					
身だしなみは整っていたか					
挨拶は元気にできたか					
入室から退室まで、ずっと笑顔でいられたか					
その日の段取りの説明と商品の説明は十分だったか					
商品に興味をもたせることができたか					
清掃のデモンストレーションはうまくできたか					
機械の使い方を分かりやすく示すことができたか					
どのくらい気に入ってもらえたか					
いいねと言ってもらえたか					
欲しいと思ってもらえたか					
クロージングはきちんとできたか					

区切って振り返るようにしました。どの段階までどういう内容で進んだのか、うまくいかなかった場合は、どこでつまずいたのか、なぜつまずいたのか、といったことです。

フリー記入欄には「いいねと言ってもらったが、社交辞令的なもので相手の心までは動かせなかった。この点で役立ちそうだという購入後の具体的なイメージをつくることができなかった」「ダメそうだという気持ちが大きくなって途中で自分のマインドが下がってしまった」といった自分なりの感想や反省を記入しました。契約が取れた、取れなかったにかかわらず、1件の訪問を終えたらできるだけ時間を空けずに車の中などで書きました。

一般に営業マンが営業方針を立てるために作成するノートは顧客の分析に重きを置くものになります。どういう顧客で、何に問題意識をもっていて、今、自社とどういう関係にあるのか、最終的な契約を実現するために今後どう関わり、相手のどこを変えていくべきなのか、といったことです。しかし私のノートに顧客の細かい分析はありません。あるのは自分がどうだったか、という振り返りだけです。理由は、2回目、3回目のアポイントを想定しない、その場のやりとり1回で結果を出す訪問販売という特殊性にありました。

第1回はここまで、次はこうと、日を追って顧客との関係を育てていくものではありません。訪問した先でどういう人が現れるか事前に知ることはできず、しかし相手がどういう人であろうと自分のパフォーマンスで相手を引き込み、こちらの提示する価値に納得してもらうことが必要です。イメージとしては、テレビショッピングのプレゼンターに似ていると思っていました。テレビショッピングもカメラの向こうの視聴者を選ぶことはできません。どんな人が視聴しているかは分からず、特定の誰かに対してトークを繰り広げるわけでもありません。誰が相手かということより、誰にとっても意味があるような、プレゼンターとしての魅力的なショーを数分演じて「さあ今すぐ0120……に電話してください。今から3時間だけです！」と締めくくって終わりです。私の訪問販売では、目の前の顧客の反応を見つつ、多少の軌道修正もできますが、基本的には自分の理想的なトークや振る舞いを100％実現するということが最も重要になります。そのため相手の分析より自分の傾向を分析して、常に質の高いパフォーマンスができるようにしておくことが重要なのです。

実際ノートをつけるようになり、それを読み返したり、統計的なデータとして振り返ることで自分のいろいろな傾向が見えてきました。例えば月曜日と雨の日はいずれも成績がよくないということが分かりました。自分のテンションが下がっているのです。同じ条件の日は、あらかじめ自分を盛り立てるように意識しました。加えて相手が主婦なら、雨の日は洗濯や買い物などの家事がしにくいのでなんとなく憂鬱な気分になっているはずです。こういうときは誰でも40万円もする高額な買い物をする気にはなれません。お互いにテンションが下がっている状態では話が弾まないので、入り口のアイスブレイクを厚くするといった工夫が必要になります。楽しい話題を用意して臨むようにしました。

ほかにも、こう突っ込まれたときに精神的なゆとりをなくしがちだとか、この話題ではいつもぎこちなくなっている、といった自分の傾向が見えてくるようになりました。自分のセールスの傾向や弱点がピンポイントで分かるということは修正もしやすいということです。なかなか成績が上がらないスランプの時期は誰にでもありますが、ありがちなのはなんとなく気分が落ち込んで前向きになれないとか、何かを変えなければと思って自分のスタイルを最初から細かくいじり過ぎて余計にダメになってしまうといったことです。しかし私はこのノートの記入と振り返りをするようになって、自分のセールスの傾向が統計的なデータとして把握でき、また、どこに弱点があるのかピンポイントで分かるようになりました。その部分だけを修正すればいいので、素早く立ち直ることができるようになったのです。月曜日や雨の日といった自分にとっての要注意日もあらかじめ意識することができます。「振り返りノート」によって私は自分のパフォーマンスを向上させセールスに出て5カ月目以降、コンスタントにトップ10に入る成績を残していきました。

3つの段階に合わせて工夫する

訪問販売のなかで私が得た「売るための基本」に、相手とのコミュニケーションを3段階で考えるということがあります。本来はもっと細かく5段階に分けて考えるのですが、3段階に簡素化することも可能です。この3段階理論はその後の私のセールスやマーケティングの展開に非常に大きな意味をもつもので、訪問販売を経験したことの最大の成果でした。

3段階というのは「アプローチ」「デモンストレーション」「クロージング」です。

この3段階はそれぞれまったく目的が違うものであり、混同してはいけません。今自分がどの段階にいるのか、それを常に意識してその段階ならではの目的を達成することを考えていくことが必要です。デモンストレーションをしているのにクロージングに関わることを持ち出したり、クロージングの段階なのにアプローチに関わる話をしているようだったら、そのセールスは絶対にうまくいかないのです。もしうまくいかない段階に遭遇したら、そこをあれこれ考えたりいじる前に、一つ前の段階を反省したほうがいい場合も少なくありません。

それぞれの段階で達成すべき目的があり、それぞれにふさわしい振る舞いやトークがあります。しかし同時に、3つの段階が別々の孤立したもの、あるいは閉じたものではないことも明らかです。うまくいったアプローチはデモンストレーションに自然につながり、うまくできたデモンストレーションは、やはり自然にクロージングに進むものだと思います。3段階は独立していると同時に、次の段階へのスムーズなつながりを含んでいなければならないのです。クロージングのテクニックだけ磨いても、いきなりその場面が訪れるわけではありません。アプローチがあり、それがデモンストレーションにうまくつながり、さらに巧みなデモンストレーションがごく自然にクロージングの場面へとつながっていくのです。この3段階は、それぞれで目標が異なるのでトーク内容や話し方も変わります。

アプローチは訪問して着席してからのちょっとした雑談（アイスブレイク）、その後の自社紹介・自己紹介とこれから何をするのかという概要説明、そしてスチームクリーナーの商品紹介です。

この段階で必要なことは、まず相手の警戒心を解いて、顧客にあなたの話を聞いて理解するように努めましょうという気持ちになってもらうことです。その後のコミュニケーションの前提となる最低限の信頼関係をつくることといえます。その意味では、第一印象を左右する身だしなみや清潔感、靴や靴下が汚れていないかといった会話以外の要素もアプローチにおいて重要です。セールスというとトーク内容のことと考えられがちですが、顧客に与える印象の良し悪しもアプローチの重要な要素です。ただ明るく元気よくすればいいという単純な話ではありません。また、アイスブレイクも単にお天気の話をすればいいというわけではありません。いかにもおざなりの定型句という印象では、アイスブレイクの意味をなしません。また、アイスブレイクだからといってこちらから一方的に話すのではなく、むしろそれとなく相手が話しやすい話題を振って、口を開いてもらうということも大事になります。気持ちよく会話ができる環境づくりを進め、次のデモンストレーションに対する期待感をどれだけもたせられるか、この全体がアプローチです。

次のデモンストレーションは、いよいよスチームクリーナーを使ったエアコンなどの清掃の実演と、この清掃のもつ価値の提示です。セールスの中核をなす最重要の段階です。

実演をスムーズに行うことは当然ですが、ここで重要なことは、商品がいかにすごいかという価値の一方的な提示ではなく、相手の困りごとに応える価値をもつモノだと明示することです。きれいになるのは当たり前であって「こんなにきれいになります」ということを示しても、相手には「それはそうだろう」という感想しか出てきません。顧客がエアコンクリーニングの何に問題を感じていたかをアプローチ段階で、あるいはデモンストレーションの準備などをしながら聞き出し、清掃によるベネフィットを具体的に示すことがデモンストレーションの価値を大きくします。「こんなに強力で、こんなに簡単にきれいになります」ではなく「清掃によってこれだけ内部のカビが取れるので、室内の空気の汚れなどを気にされていると思いますが、空気中に浮遊するカビ菌や臭いの心配がなくなります。アトピーや喘息でお困りの方にも安心な空気環境になります」とか「内部の汚れが取れることで機械への負荷が減るんです。エアコンをほとんど一年中使うようになって電気代も気にされていると思いますが、しっかり掃除をすれば空調効率のアップや電気代の節約、省エネ、機械の長寿命化も期待できます」といったベネフィットを、顧客の関心に合わせて示すことが重要になります。それでこそ説得力のあるデモンストレーションになるのであり、単なる「効果の実証」「性能自慢」に終わってしまっては、せっかくのデモンストレーションも効果が薄いものにならざるを得ません。

実演後の感想を聞くにしても相手の問題意識が分からなければ「いかがですか?」という聞き方しかできません。そうした一般的な質問には、聞かれたほうの立場で考えれば明らかですが「いいわね」「すごいのね」という感想しか返しようがありません。それ以上の会話の発展はないのです。

しかし、相手の問題意識に沿った効果的なデモンストレーションになっていれば、「どのくらい違うの」とか「掃除の効果はどれくらいもつの」といった具体的な質問に発展し、さらに会話を重ねていくことができます。一般にデモンストレーションというと、こちらからの一方的なアクションがすべてと捉えられがちですが、確かに実演するのはもっぱらこちら側であっても、そこにはコミュニケーションが成立していなければなりません。実演者と見物客がいるのではなく、顧客も自分の問題意識を前景化させ、自分の問題として受け止めながら注目しているという状況をつくることが重要です。単なる見物人にしてしまったら失敗なのです。つまりデモンストレーションも、実際に言葉がどうやりとりされているかは別にして、双方向での内容豊かな〝会話〟でなければならないのです。

そして3段階目がクロージングです。より詳しくいうと購入の意向確認と売買契約書の取り交わし、商品の引き渡しです。手続きが中心になる段階ですが、しかし単なる形式ではありません。

顧客がデモンストレーションを見て良いなと感じたところを言語化して、確かに購入の価値のあるモノだということを改めて明示する必要があります。いくら良いと思っても40万円のスチームクリーナーの購入を決断することは、簡単なことではありません。「確かに良いモノだと思うけれど、本当に40万円を出すだけの価値があるのか?」ということを顧客は必ず考えています。それに対して「いい機械でしょう?」と言っても決断の後押しになりません。「これさえあれば、あなたの、あるいはあなたの家族のこういう心配はいっさい不要になる」という顧客の悩み事に即した個別的で具体的な価値を改めて提示することが必要です。

契約書にサインしたり捺印するという段階になれば誰しも躊躇があります。それを乗り越える力は外からはつくれません。「お願いします!」などは愚の骨頂です。また、単なる話術や段取りのスムーズさでもありません。「この購入でこれまでの悩みが解決できる。ああよかった」という顧客自身が得るベネフィットこそ、不安や躊躇を押しのけて契約する力です。

認識は段階的に深まっていく

この3段階は、セールスする側の3段階であると同時に、顧客の側がものを購入するときの認識の深まりのプロセスでもあります。

顧客はいきなりその商品を購入するかどうかの検討を始めるわけではありません。まずどういう商品かアウトラインを知り、実際にどういう効能があるのかを確認し、それに納得がいって始めて購入の検討に入ります。最初の全般的な知識からいきなり購入の検討に飛ぶ人はいません。

訪問販売はその場の1回限りの勝負であり、

セールスの3段階

アプローチ コミュニケーションの前提となる最低限の信頼関係をつくる
⇩
デモンストレーション 相手の困りごとを解決する力をもつものであることを具体的に示す （ものの価値ではなく相手にとっての価値であることが必要）
⇩
クロージング 顧客自身の納得（獲得価値）を改めて確認し、欲しいという気持ちを後押しする

顧客を長期的に育てていく視点はありません。1回の場のなかで入り口から出口までの段階を踏みます。しかし長期であろうと、1回であろうと、顧客の購買への決意が段階的につくられていくという意味で、その本質は変わりません。むしろ、短時間であるからこそ、コミュニケーションを通した認識の段階的な深まりというプロセスが凝縮された形でそこに出てくるといえます。それはすべてのセールス・マーケティングに共通のものです。3段階理論はその核心をなすといえるのです。

第3章 売れる組織づくり

セールス部門を機能分化して人材を適材適所に配置
成果のでないチームを改革して導き出した売れる組織づくり

モノの販売から「コト」の提供へ

「売れないを売れるに変える」ためには、提供価値を明確に提示するコミュニケーションを丁寧に築かなければなりません。そのために必要なのは「引く」姿勢であり「自分のパフォーマンスを最大化する自己反省」であり、入り口から出口までの「3段階」を意識した対話の組み立てです。「売る極意」は販売形態が店舗販売や通信販売でも、また、販売を担うのが個人であっても組織であってもまったく変わりません。実際、訪問販売の次に取り組んだクリーニングサービスでは、3段階論を営業組織の分業制という形で具体化することで、大きな販売成果につなげました。

クリーニングサービスは、同じ会社に所属しながら支店長として新たに取り組んだ提供事業です。私はスチームクリーナーの訪問販売で、新人ながら好成績を挙げることができたこともあって、1年目の終わりには支店長に推薦されました。しかし入社1年目ではあまりにも早く、もう少し現場の経験を積みたいと思い、辞退して一営業マンとしての活動を続け、3年目に入るときに支店長に昇格しました。

この事業によって、訪問販売という個人によるモノの販売だけではなく、営業組織によるサービスの提供においてもセールスの原則は変わらないということが明らかになりました。変わらないどころか、「売る極意」を営業マン個人ではなく組織で行えば、さらに大きな成果が得られることが分かったのです。

支店長という立場を得ることで、自分が体得してきたセールスの考え方で支店を建て直したり、同時に、モノの訪問販売から次の事業に移るチャンスを獲得し、新しいフィールドで「売る極意」を貫いて成果を上げていくことになりました。

実はこの頃、私は訪問販売でのモノ売りはもう限界ではないかと感じ始めていたのです。インターネット通販が拡大するなか、個別に家を訪ねるという販売方法は急速に色あせ、また、消費者の販売員に対する警戒感は非常に高くなっていました。高齢者の単身世帯が増え続けていることも背景に、知識の乏しい高齢者を狙って粗悪品を強引に売りつけるようなセールスも横行していました。事前の電話によるアポイントについても、悪質な業者があとを絶たないことから規制がどんどん厳しくなり、冒頭に商品の勧誘目的の通話であることを明らかにするとか、一回断られたらその後電話をしてはいけないといった細かいルールが設けられていきました。また、個人情報保護の観点から名簿がどんどん入手しにくくなり、さらに共働きが当たり前になって日中は留守になる家が増えるといったこともあり、固定電話にランダムに電話をかけ続けるというテレアポそのものに限界が見えてきていたのです。

しかもスチームクリーナーの販売は、「いいモノだから買ってほしい」という「モノ」売りであり、商品を買うか買わないかという狭い世界から抜け出すことができません。新しい魅力的な生活体験という「コト」の提供へ広がってはいかないのです。いろいろな話をして顧客と関係をつくり、掃除の面はもとより、暮らしにまつわるさまざまな悩みや希望を耳にしても、スチームクリーナーが売れてしまえば次の提案はありません。一つモノを売ったら終わりというビジネスモデルです。売ったあとに再訪して別な提案をするという継続性はないのです。また、販売した顧客からのクレームはなかったとはいえ、偶然街で顔を合わせてその後のことを聞いてみると「いや、実はもう使っていないんだ」と聞かされることもありました。このときも1回限りのモノ売りの限界を感じさせられました。

訪問販売というスタイルの限界とモノ売りの限界、2つの大きな壁を感じ、このままでは今のビジネスは成り立たなくなる、本社はまだ気づいていないが、早くビジネスモデルを変えないと生き残っていけないと思っていました。「モノ」売りから「コト」売りへと転換すること、それによって顧客との関係を継続的なものに変え、暮らしに寄り添って顧客の生活を豊かにするようなサービスを提供すること――それをしなければ事業の未来はないと思ったのです。従来の「スチームクリーナー」(モノ)の販売ではなく、「住まいのクリーニングサービス」という役務(コト)の販売に転換することが必要だと思いました。

それに実際に手をつけたのが関西圏で2店舗目となる大阪の支店長に異動したときです。成績の落ちている支店の再生を期待されての異動でした。

私は新しい支店への異動を機に、ビジネスモデルそのものを転換することにしました。幸い私が勤めていた会社は支店単位の独立採算という考え方で運営されていました。支店としての売上目標は本社から示されるものの、それをどう実現するか、営業のスタイルや人の採用、教育、評価方法といったことはすべて支店長の裁量に任されています。結果が出ていればOK、その代わり着任3カ月で目標がクリアできなければ降格というマネジメントスタイルでした。

もちろんスチームクリーナーを売らないというビジネスモデルの根本的な変更は会社の想定にはありません。それだけでやってきている会社です。ただし一支店長が全社的な方針変更を進言しても、それに耳を傾ける会社ではありません。私は支店長の権限で突っ走ることにしました。

3つの段階を経て優良顧客を獲得する

独断専行する以上、新事業は絶対に成功させなければなりません。そこで必要になるのが「売る極意」です。基本的なビジネスモデルは次のように設計していました。

新たに売るのはハウスクリーニングサービスそのものです。エアコンや換気扇、浴室など、スチームクリーナーを使って清掃できるところはすべて提供サービスにしました。価格はエアコン1台1万5000円、換気扇1万円、ユニットバス3万円という設定にしました。

ビジネスのスタイルは3段階に分かれます。

まず第1段階は従来のスチームクリーナー販売のときと同様、エアコン1台2980円といった低額のお試し価格でスチームクリーナーを使って清掃し、それを見て良いサービスだと思った顧客から、他のエアコンや換気扇やお風呂などの清掃を定価で受注します。

その注文を受けて、第2段階として後日、清掃を実施します。そこで顧客にさらに気に入ってもらい、浴室一式とか防汚コーティングなど付加価値が高く通常の清掃に比べて価格の高いサービスの注文を取ります。

第3段階として、日を改めてそれを実施し、定期清掃などの注文をもらい、優良顧客として組織化しながらその後も定期的にさまざまな接触を図り長期的にハウスクリーニングを受注し、LTV（Life Time Value：顧客生涯価値）を築いていくという流れです。

LTVとは、ある顧客が最初の取引からその生涯を通じて自社にどれだけの利益をもたらしてくれるかを示す数値です。第1から第3まで、段階を踏むことで徐々に顧客との関係を強め、最終的には今後のさまざまなビジネス展開の顧客基盤（LTVの高い顧客）として確立していきます。

以前はお試しが気に入ったら「このスチームクリーナーを購入してください」という「モノ」の販売であり、売った時点で顧客との関係は終わりました。しかしこれからは、お試しが気に入ったら「追加のクリーニングを任せてください」というサービスの提供に進み、その後もサービスを永続的に提供し続けることになります。顧客との関係は終わらないどころが、一歩一歩緊密なものになっていきます。

またお試し清掃の勧誘は従来の電話だけでなく、地域のミニコミ誌に広告を掲載するというスタイルも取りました。「お試し価格」は非常に安く、業界一般のクリーニング価格の5分の1程度です。ハウスクリーニング専業の会社はもっと高い価格設定をしていますから、それに比べればさらに安く、5分の1どころではありません。この価格できれいになって、その後の追加清掃は断ってもいいわけですから、顧客にとって損はありません。

また、提供サービスの質においても「薬品をいっさい使わない」という大きな魅力があります。これはスチームクリーナーならではのメリットです。一般のエアコンや換気扇の清掃には、油分を落とすために強アルカリ性の薬品が使われ、環境汚染の不安がつきまといます。薬剤の使用を抑えていると謳う会社でも、汚れの程度によってはアルカリ性薬品を使うので、薬品をいっさい必要としないという点は大きな安心を提供するものであり競争力があります。清掃後のもちも良いのでその点でも優位性があります。

さらにサービスを提供する私たちにとっても、1台40万円という大きな売上にはなりませんが、顧客との関係が継続し繰り返しのサービス提供が可能になり、口コミでの広がりも期待できます。さらに優良顧客層を組織化していけば、次の主婦向け、住宅向けビジネスの基盤として活かすことができます。モノ売りで終わらず、サービス提供により継続的に売上が見込め、LTV向上につながるビジネスモデルなのです。

ボトルネックを見つけて解消する

支店のスタッフには新しいビジネスモデルに切り換えることとその理由を説明し、同意を得ました。特に支店内に反対の声はなく、むしろ提供サービスの幅が広がることにビジネスの可能性を感じるメンバーが少なくありませんでした。新しいビジネスモデルといっても、スチームクリーナーを使った清掃の実演はこれまでも全員が経験してきたことであり、顧客の前でやることは変わりません。

ところが、始めてはみたものの、想定した3段階の流れがスムーズにいかず、思ったように清掃サービス全体の受注が伸びません。

お得感の強いお試し清掃の申し込みは取れました。そして第1段階のお試しの結果、ではもう1台のエアコンも、という追加受注もある程度は取れたのです。しかし、第2段階には進んでも、そこで次の大きな契約がなかなか取れません。このビジネスモデルはお試しやその後のエアコン1台、2台という程度の受注では事業として成立しません。

一定の割合でお風呂一式とか、防汚コーティング、さらには定期清掃契約など付加価値が高く、サービス価格も高いものに進まなければならないのです。しかし利益につながるこうしたサービスの契約が伸びません。

さらに、もともと販売成績の良かった営業マンが、もう販売はしないと決めているにもかかわらずスチームクリーナーを売ってきてしまう、ということも発生しました。高額商品の訪問販売を手掛ける営業マンには一匹狼タイプが多く、自分の力でモノを売って収入を上げていきたいという志向があります。顧客の要望に幅広く応えるとか、顧客との関係を継続していくということに魅力ややりがいを感じるタイプではありません。そのためビジネスモデルを変えたにもかかわらず売ってきてしまうのです。モノを売ることはこのビジネスのゴールではありません。逆に、売ってしまったら、あとは顧客がそれを使って自分で清掃することになってしまうので関係が切れてしまいます。これは以前のビジネスモデルです。私は従来のモノ売りの限界やサービス提供に切り換えることによる今後のビジネス拡大の可能性についてもう一度話をして、ビジネスを転換していく必要性やそれを3段階で進めていくという基本構造を伝えました。しかし考え方を改めて説くだけでは、受注が伸びないことの解決につながりません。

そのとき私は、新しいビジネスモデルがうまく回らない原因になっているのは、第1段階、第2段階、第3段階というように顧客を受け渡していくことがうまくいっていないということだと思いました。第1段階はそこそこの受注を得ているのです。ところがそれを受けて臨む第2段階の取り組みがうまくいっていません。第3段階へとつなぐための高い付加価値がつく受注が伸びないのです。そして手前の段階で止まってしまっているために、最終の出口である第3段階、すなわち定期清掃などへと進む顧客が期待の数に達しません。

組織（有機的な関係）の力を最大化するためには〝ボトルネック〟の解消が鍵になる

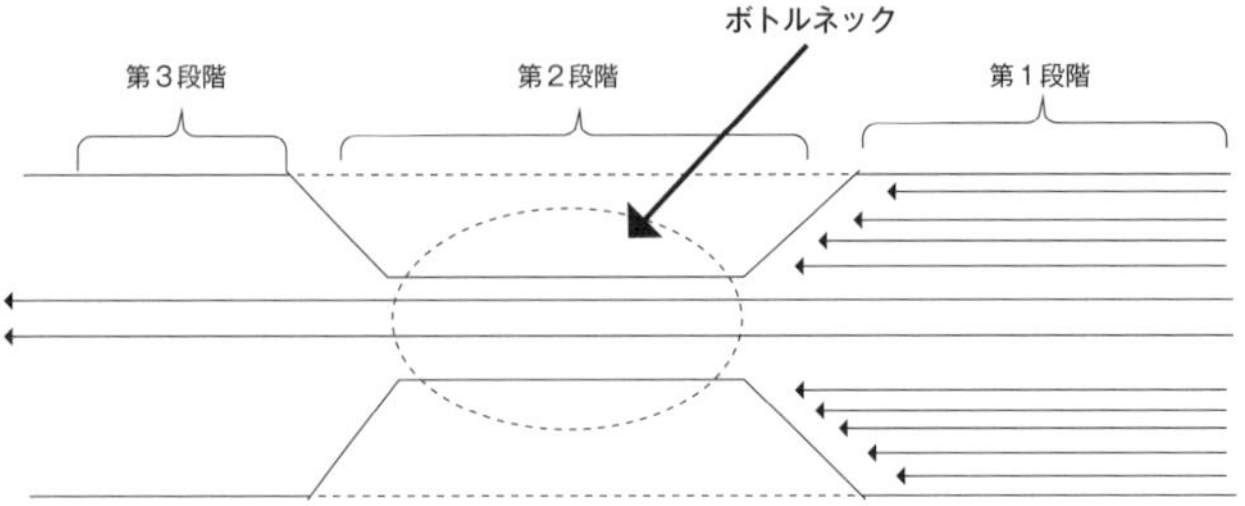

第１段階が多くの資源を確保しても、後続する第２段階の処理能力が低く〝ボトルネック〟になっていれば第３段階へと受け継ぐことができない。仮に第３段階の能力が高くても最終的なアウトプットは第２段階の能力の範囲にとどまる。

つまり第2段階がボトルネックになって最終の成果を小さくしてしまっているのです。

新しいビジネスモデルは3段階で成り立っていて、これは後にEC通販の考え方にも適用されていきますが、1段階目から2段階目、そして3段階目へとスムーズに流れることで売上が上がり、多くの優良顧客が組織化できるという考え方です。しかし1段階目はそれなりにうまくいっても、2段階目はやや成績が落ち、3段階目はさらに目標から遠いものになっていました。もし各段階が連続性のない独立したビジネスであれば、これでもいいのです。3つの段階のどこかが好成績であれば、他の段階が不調でもそれをカバーするものになります。しかし新しいビジネスモデルは、1という入り口からから3という出口へと流れ、そこでしっかりとした成果を出さなければならないのです。1が大きくても2が小さければ、3は2と同じかそれ以下にしかなりません。

私は第1段階がつくった大きな流れを、ボトルネックを解消して次へと流していかなければ、いつまでも出口で大きな成果が得られず、3段階に分けたビジネスモデルは成功しないと思いました。

そのときに私の頭に浮かんだのが世界的なベストセラー『ザ・ゴール』(ダイヤモンド

社）の著者エリヤフ・ゴールドラットが提唱した制約理論（Theory of Constraints）です。

この本に出会ったのはスチームクリーナーを販売する会社に入って間もない頃でした。非常に面白いと思って、実際に適用して成果を試したいと思っていました。気がついてみると私は、この理論が指摘している問題の渦中にあり、まさに実践できる機会を目の前にしていたのです。

制約理論で見えた改善方法

この本はある機械メーカーの工場における生産管理のあり方を小説の形で論じたものです。500ページもある長編ですが、まるで推理小説のように解決に向かって読者を巻き込んで疾走していく力があり一気に読ませます。物語は、ある日の朝、本社管理本部の人間が工場に乗り込んでくるところからスタートします。彼は、「41427番」と名づけられたオーダーの納品が7週間も遅れて顧客が怒っており、早急な対処が必要であること、もし3カ月以内に改善できないならこの工場を閉鎖することを工場長に宣告します。実際その工場は、「41427番」の注文だけでなく、あらゆる注文品の納期が遅れ、しかも倉庫には部品の在庫が山のように積み上がっていたり、工程が予定通り流れず、時間がないはずなのに一部のセクションは工員が手持ち無沙汰にしているといった非効率が目立って、工場長は毎日のように工場を駆け回って「どうなっているんだ!」と調整作業に追われていたのです。それがいよいよ「41427番」問題を契機に、工場閉鎖にまで発展しようとしていました。

頭を抱える工場長の前に学生時代の恩師である物理学者が登場し、工場長と工場スタッフを相手に、工場の生産能力を最大化するために何をどう改善しなければならないかということを、細部を分析し、ときに激論を戦わせながら追求していきます。その推理や実証のプロセスが細かく紹介されながら小説は展開していきます。この本は1984年の発刊後すぐに、アメリカを中心に250万部を超える大ベストセラーとなりました。さらに、この本の通りにしたら非効率な工場のオペレーションが改善できたという声が続々と上がり、面白い小説というだけでなく生産管理のバイブルとしてビジネスの世界で教科書のように読まれることになりました。実は日本語版の発刊はようやく2001年になってからであり、アメリカでの最初の出版から20年近くも後のことです。翻訳者は初めて原書を読んだ際に魅力を感じ、なぜこんなにも長い期間翻訳出版されなかったのかを著者本人に直接聞いています。翻訳版の「あとがき」でその質問に対する著者の答えが紹介されているのですが、それは、もし日本人に本書で示した手法を教えたら日本経済が再び巨大な力をもち日米貿易摩擦が再燃するからだというものでした。そのため日本語版の出版には話があっても長年同意しなかったという事情があったのです。

確かに、この本が出版される5年前の1979年にはハーバード大学教授のエズラ・ヴォーゲルの著書『ジャパンアズナンバーワン』(阪急コミュニケーションズ)がベストセラーになり、80年代は「日本の世紀」とすら言われていました。実際1980年に日本は自動車生産台数でアメリカを抜き世界第1位になっています。1981年にスタートしたレーガン政権の最優先課題も、巨額の対日貿易赤字問題の解決でした。しかし状況は一向に改善せず、1985年にはアメリカの対日貿易赤字は500億ドルを超えてしまいます。アメリカは大きな危機感を抱き、特に自動車産業を中心とする工場の非効率の改善による品質の安定と価格競争力の確保は、喫緊の課題でした。『ザ・ゴール』の著者エリヤフ・ゴールドラットにもその解決に貢献したいという気持ちが強くあったのだと思います。著書は日本に勝つための処方箋となったものであり、それを1980年代や1990年代の、日本経済がまだ勢いをもっているときに日本に明かすことは避けたいと思ったわけです。

いずれにしても日本語版はようやく2001年に刊行され、評判を耳にして私が読んだのはスチームクリーナーの訪問販売の会社に在籍し、支店長をしていた頃のことでした。

特にこの本で有名になったのは「ボトルネック」についての考察です。

その主旨は「工場のラインのなかに、ボトルネック（制約条件）がある場合、工場全体の生産量は、ボトルネックの生産能力で決まってしまう。一般的に工場全体の能率は個々の工程の総和だと仮定され、それぞれの工程で生産性を上げる努力がされてきた。しかしどこかにボトルネックがあれば、前工程の成果物はそこで滞留することになり、工場全体のアウトプットは一向に増えない。工場の生産性は、ボトルネックとなっている工程の能力以上には絶対に向上しない。従って工場全体のアウトプットを上げるためには、ボトルネック工程のアウトプットを最大限にするように工場内の取り組みを集中させなければならない」という指摘でした。

著者は同じことを別のところで、一つのシステムを1本の鎖に置き換えて説明しています。ものの生産工程も一つの組織も、ある目的の実現に向かってさまざまな構成要素が有機的につなげられた1本の鎖のようなものだというのです。鎖の輪は工場の各工程であったり、組織の部門であったり人であったりいろいろです。この鎖は、一つひとつの輪が相互に依存しながら成果を生み出し、その成果をほかに伝えて最終的に全体として一つの価値を創造します。輪の一つひとつを個別に強くしても、たった一つでも弱い輪が存在すれば、鎖全体の強さはその最も弱い輪によって決定されるということです。この弱い輪が「ボトルネック」です。

鎖の価値を「重さ」(一つひとつの輪の重さの合計)と考えてしまうと、輪の強さにはばらつきがあっても総重量として大きければいいということになり、どの輪でも重くしやすいものを重くすればいいことになります。しかし鎖の価値を「強度」と考えると、輪の強さのばらつきは強度を低下させるものになります。どんなに強い輪があっても、最も弱い輪のところで鎖は切れてしまうからです。強度という意味においては総重量は問題にならず、弱いところを強化し強弱のばらつきをなくすことがその鎖の価値を最も高めることにつながります。

鎖の比喩を待つまでもなく、一つの有機的関係や組織を強化するために必要なのは、ボトルネックの解消です。それは工場における生産管理手法にとどまらず、あるシステムや組織が自らに設定された目的を達成するための改善手法、さらには一般的な問題解決のための思考方法として有効であり、実際ビジネスの世界で幅広く受け止められ応用されています。最近多くのところで語られている「部分最適」と「全体最適」の議論もこの延長です。エリヤフ・ゴールドラットが明らかにしたものこそ全体最適を追求することの重要性であり、それは部分最適を積み重ねても実現しないということでした。

私の新しいビジネスモデルも3つの段階が有機的につながりながら、売上の拡大と優良顧客の組織化というゴールを達成するためのものです。工場の生産ラインにたとえることもできます。アポインターや広告から入ったお試し清掃のアポイントが最初に投入される〝原材料〟で、それを第1段階から第2、第3段階へと送りながら最終的に優良顧客としてラインから送り出すというプロセスを経るわけです。それがうまく進まなかったのは第2段階がボトルネックとなってしまったからです。いくら第1段階のお試し清掃が頑張って定価のエアコン清掃を受注して第2段階にトスしても、そこにボトルネックがあり次の第3段階に量・質とも整った受注を引き継ぐことができなければ、一連の工程は大きな成果を上げることができません。成果を大きくしようとして申し込みを増やし第1段階から送り出す顧客を増やしても第2段階での滞留が解決されていない限り何の改善にもなりません。やるべきことは第2段階の強化であり、1、2、3それぞれの段階の質（強さ）を均質化させることです。そうすれば1本の鎖としての強さを発揮することができます。そのために何をすればいいかと考えて私が出した答えが営業分業制の採用でした。

組織を分業制にすればもっと稼げる

私の新しいビジネスモデルも3つの段階のどこにもボトルネック工程をつくらないことが最終のアウトプットを最大化することにつながります。そのためには各段階が要求する課題の実現にふさわしい能力をもった人間を、まさに適材適所に配置すべきだと思いました。各段階は相手にする顧客のニーズや意識レベルが違い、KPIも異なります。当然、必要とされるスキルや能力、営業マンの性格も変わってきます。各段階で担当者を分け、それぞれの段階で必要となる人材を配置すれば、それぞれの〝生産性〟が上がり、その力が均一であればボトルネックはなくなり太く強い流れが生まれます。

一般的な顧客対応は1人が1軒の得意先の担当者となり、3段階があるなら3回とも同じ人間が訪問します。そのほうが訪問するたびに親密感が増し、より突っ込んだ会話もできると考えるからです。しかし担当者には得意不得意があります。当然、得意なところには力が入り、不得意なところは成果が期待できないので力が入らない、無理をしない、ということになります。そもそも親密度が増しただけで契約が取れるようになるわけではありません。各段階で最高の成果を得るためには、それぞれにふさわしい人間が担当し、専門職として力を発揮すべきなのです。また、同じ段階を担当するメンバー同士が反省や検討を進めることで、より専門性を高めていくことが可能になり、各段階の高度化はさらに進みます。

例えば最初に訪問して、お試し価格での清掃をして「いかがですか？　よかったら定価のサービスも申し込んでください」と誘う第1段階には、会社を代表して初めて接する人間であることから、明るく素直な性格で人当たりが良く、顧客が警戒心を解いて接してくるような人物が向いています。相手の理解度を推し量りながら丁寧に分かりやすくサービスの全体像を説明するスキルも必要です。しかし押しの強さはいりません。技術的な深い知識も不要です。信頼できるサービスだと思ってもらい、終了時に1台でも正規価格の清掃を受注してくれればいいのです。非常に安いお試し価格でやっているので、満足さえしてもらえれば顧客の側には「安くやってもらってこちらだけトクしても悪い」という心理が働きますから、もう1台の受注くらいならそれほど難しいことではありません。つまり高い営業力は不要だということです。

その注文を受けて定価の清掃を行う第2段階の社員に求められるのは、高い作業レベルと技術的な知識はもちろん、より高額の契約へとつなげる営業力です。この第2段階でのパフォーマンスがどこまで高められるかで、このビジネスモデル全体の収益性は大きく左右されます。もしこの段階で次につながる契約が取れなければ、工程全体のパフォーマンスは非常に低いものになってしまいます。実際、この難易度の高い段階で私の新しいビジネスモデルは壁にぶつかっていました。ここでは、キッチンや洗面、バスルーム、トイレなどの防汚コーティングなどを行います。このメンバーに求められるのはなんといっても高い技術力と専門性です。すでに顧客との一定の信頼関係はつくられていますから、その点で特に神経を使う必要はありません。特別のアプローチも不要です。この段階ではしっかりと清掃を行い、きれいに使い続けてもらうためのポイントやコツなどを説明して、その専門性を発揮することでさらに信頼関係を深めることが必要なのであり、ここで求められるのは技術力と技術的な知識、仕事に誠実に向き合う姿勢です。そして最後の段階として、今後の定期清掃などの契約につなげ、また友の会への加入などが獲得できれば任務完了です。

私は支店メンバーの特性を見ながら、一人ひとりを第1段階、第2段階、第3段階それぞれの専任として選抜し、グループ化して改めて新たなサービス提供ビジネスに向かいました。特に配慮したのは、ボトルネックになってしまった第2段階の担当者グループの強化です。もう売らないと言っているのに売ってきてしまうような営業力に長けた人間はこの第2段階で求められる適性の所有者です。彼らに全体的なビジネスモデルを理解してもらいつつ、この工程に配置していくことが工程全体の強化のために必要でした。

分業制は、各人にとっても担当工程が自分のキャラクターや志向に合った担いやすい業務です。そのため各段階での成果は目に見えて上がりました。当初私が設定したKPIは第1段階で次に進む契約獲得率を6割、第2段階で同じく3割5分から4割、第3段階で8割というもので、これが各段階でクリアできれば新たなサービス提供ビジネスは事業として成り立つとみていました。分業をしていなかった事業着手当初はクリアできませんでしたが、半年ほど経って分業制を導入して以降は各段階の目標の契約獲得率がクリアでき、事業の収益も目に見えて向上しました。

分業制の採用が有力な人材確保につながる

さらにこの分業制は人の採用や教育、人事評価の面でも非常に効果的でした。まず採用できる人材の幅が広がります。どういうタイプの人間でもできることがあるからです。通常、人はいいけれど営業力が弱いという人間は、営業会社ではまったく評価されません。むしろお荷物扱いです。しかし、私のビジネスモデルの第1段階の担当であれば、そのキャラクターを活かしながら活躍できます。また真面目なタイプで仕事は細かいが人とのコミュニケーションがやや苦手という人は、これも営業会社では不向きとされてしまいます。しかし第3段階の業務なら十分に力を発揮できます。人柄が良いだけでなくコミュニケーション力があり、営業力も備えているという人なら、これは言うまでもなく第2段階の担当として理想的です。

ハングリー精神をもち、オールマイティでどういう場面でも活躍できるという営業マンは減っています。今後ますますその傾向が強まり、採用が厳しくなることは明らかです。経営者は普通の人間が誰でも活躍できる環境を用意しなければなりません。その意味でオールマイティの人間を必要としない分業制は非常に価値があります。

一般に「2：6：2」といわれる能力分布の傾向があります。どの組織でも優秀な層が2割、普通の層が6割、能力の落ちる層が2割という分布になっているということです。一般的な傾向としては確かにその通りで、どんな組織にも当てはまります。会社の営業組織にもこの分布はあります。しかし、仮に営業という大きなくくりでは下の2割に属する人も、分業制の下で適性に応じて振り分けた専門組織のなかでは、下の2割ではなく、その上に位置する可能性があります。仮に下の2割であっても、専門グループのなかなのでそれほど低いレベルではなく、上位のグループとの差は小さいといえます。また、どういう能力を磨けばいいのか、分業制の下では目標が明確です。苦手なこと、性に合わないところを無理に身につける必要はありません。個性を磨き長所を伸ばせばさらに自分の担当分野で成果を上げることができます。そのため成長も早く、本人のやる気ややりがいも大きくなります。支店のメンバーが自分の力を存分に発揮して豊かな人生を歩いていける環境を用意することは私の役割です。その意味でも分業制は大きな意味がありました。

採用だけでなく、入社後の人事評価の基準がクリアになったことも分業制の成果です。第1段階の担当者の評価基準となるＫＰＩは成約件数です。金額ではありません。お試しで終わることなく次に進むことが大目標だからです。次の契約の規模はそれほど大きな問題ではありません。それを大きくしようとして営業に無理が出れば、逆に、「もうここまでで結構」ということになりかねないからです。次の第2段階には、営業力に長けたメンバーが行きます。売上金額のアップはそこに期待すればいいのです。そのため、第2段階の担当者の評価基準は契約金額です。第3段階の担当者は契約率です。これらの段階では件数よりも契約の内容、売上高の確保・顧客満足度が問われるからです。そういうビジネスモデルとして設計されているのです。また、こうした評価基準を本人が知ることは、ビジネスモデルのなかで自分にどういう役割が期待されているかということを改めて自覚することにつながります。何度も言わなくても、それぞれが自分のやるべきことを自覚しているのでマネジメントしやすい組織に変わっていきました。

日本の営業組織は長年にわたって精神論、根性論で突っ走ってきました。「気合いと根性」「100件断られてこそ1件の契約のありがたみが分かる」「黙って俺のやり方を見ておけ」といった属人的で、師匠に付き従う弟子の修行のようなスタイルがまかり通ってきました。確かに私の経験から考えてもこうした精神論、根性論に一定の価値があることは明らかです。気持ちは大事だと思います。しかしこればかりでは、ただストレスが溜まるだけで成長はありません。日本の1人あたりの労働生産性はOECD加盟38カ国中29位と際立って低い水準にありますが、これも根性論をはじめとする前時代的なやり方から脱することができていないことと無関係ではないはずです。システムとして合理的なものに変えていくべきであり、この3段階の分業体制もその一つの試みです。

分業は縦割りにすることではない

ただし、分業制には気をつけなければならない点もあります。それは縦割りを生みやすいということです。第1、第2、第3という段階ごとに担当者が固定されグループができるので、自分のグループの成績さえよければOKという意識になりがちです。自分のところは必要とされる契約数を確保して次に送っているから、あとはよろしくという感覚です。そもそも人はグループをつくった途端に競争意識をたくましくするということは、社会学でしばしば語られることです。グループをつくるときは、常に無用な対立を招かないような配慮が欠かせません。この営業の分業でも同様です。

3つの段階は担当者こそ分けていますが、連続した工程であり、第3段階の出口で獲得された顧客との契約や優良顧客としての組織化という成果は、第3段階の担当グループの努力だけによるのではなく、3つの段階の総合によるものです。しかも、例えば第2段階の成績が上がらないという状況が生まれたとき、それは第1段階での送り出し方、その質に問題があるということも十分に考えられます。第2段階の担当者が力を発揮しにくいような状況がつくられている可能性があります。例えば顧客のニーズがしっかり掘り起こせていないのに、やや強引に次の契約を取っていたら、そもそも顧客のなかに期待するものがないので「約束したから次のクリーニングはやってもらうが、もうそこで止めにしておこう」という気持ちで第2段階のサービスを受け入れている場合もあります。そういう心理状態ならいくら第2段階の担当メンバーが努力しても、次の契約には進めないということが起こります。同じことは第2段階から第3段階へのトス、アポインターから第1段階へのトスでもいえることです。外見上は同じように契約が取れていても、顧客の心理には異なるものがあり、それは一つ前の段階での契約の取り方に影響されているのです。もし機械的な分業になれば、各段階がそれぞれ目先の契約を取ることに必死になって余裕もなくなり、ただ数としての契約だけを次に渡すことになってしまいます。

分業制にするということと縦割りにするということはまったく別のことです。各段階を自己完結させたら、分業はうまくいきません。自分の担当領域に関する研鑽と専門性の獲得ということと同時に、他の領域に対する関心や理解、歩み寄りや配慮という連携のマインドと仕組みが必要です。

分担している各段階には必ず前段階と後段階があります。それへの配慮が必要であり、どういう契約でそれに関するどういう情報があれば次の段階がスムーズなのかということとをお互いが意識することが必要です。分業しつつも縦割りにせず、それぞれが全体のなかに占める自分の位置と役割を自覚して協同して取り組むということをしなければ、分業制はうまくいかないのです。

分業制は協業を前提にして初めてうまくいくものです。この点は常に意識することが必要であり、それに気を配る人間が必要です。各段階からは独立し、横串を刺して全体の流れを見る人間です。私の会社では私自身がその役割を担いました。それぞれの段階で問題は出ていないか、目標とする契約率は確保できているか、できていない場合にはどこに問題があるのか、またトスを受けた次の段階のメンバーからのフィードバックを巡って議論することも必要になります。その反省を踏まえたうえで、必要に応じて各段階のメンバーの入れ替えも必要になります。分業を連携のマインドに貫かれた実りある協業にしていくには、全体を統括するリーダーの存在が欠かせません。実際に営業の分業制を採用して気づかされたことでした。

訪問営業のときの「アプローチ」「デモンストレーション」「クロージング」という3段階理論は、顧客を商品購入というゴールに導くための、顧客の認識の進化プロセスを表現したものです。それは一人の営業マンの頭の中でのコミュニケーションの組み立て方であり、その手順と内容です。私はそれを先輩に教わることで、営業成績を伸ばすことができました。

そして、私はその3段階理論を、2時間から長くても数時間で終わるような1回限りのモノの訪問販売ではなく、今度は長い時間軸でサービス提供を重ねていく新しいビジネスに適用しました。3段階で顧客との関係を深め、顧客を育てながら売上につなげ、優良顧客として定着させるというビジネスモデルをつくり、そこにエリヤフ・ゴールドラットの制約理論、あるいは全体最適の考え方を応用して、分業制の「売れる組織づくり」を進めました。これに取り組み始めてから半年で大きな成果を上げることができ、私は改めて3段階理論の有効性を実感しました。

第4章 リピート客をつかむ営業

顧客ニーズを吸い上げビジネスチャンスをつくる
リアルな交流のなかから新たな事業の種を見出す

新たなビジネスモデルを携えて起業

大阪支店を舞台に、支店長としての独断で始めた新たなビジネスは、分業制を敷いた営業体制の効果もあり順調に拡大しました。高額商品のモノ売りではないことから売上額こそ前年に比べて落ちましたが、契約件数は大きく伸び、もともと利益率は非常に高いビジネスモデルであることから、利益では初年度で私の支店が全国でトップでした。

会社は私がモノ売りを勝手に止めてしまったことに腹を立て、新ビジネスを認めず、元に戻せと何度も言ってきました。ところが、その後他の支店でのスチームクリーナーの売上が全体として下降線をたどるようになり、他方で私の支店の好成績が続いたことから会社は方針を変えました。「関心がある支店長には取り組ませることにしたので、大阪のやり方を全国に紹介してほしい」と言ってきたのです。もちろん私はそれが会社のためになるならと思い、全国の支店長に対して教える機会をもちました。

しかし彼らは大半が営業出身者です。とにかくモノを売って利益を上げる、これしか頭にありません。顧客との継続的な関係づくりなど面倒だと思う人々であり、これから時代がどう変わっていくのか、そのなかでどう生き延びていけばいいのか、といったことにはもともと関心がありません。私は会社の方針に従って全支店を対象に研修を行い、ビジネスモデルも分かりやすく図解して示し、組織のつくり方も細かく伝えていきました。しかし取り入れたのは3つの支店にとどまり、他の支店は一時期試行してみるということすらしませんでした。モノを売るほうが簡単、細かいことをあれこれ考えるのは面倒だといわんばかりでした。会社の方針で全国の支店への横展開を模索したものの、広がりはまったく得られず、間もなく会社も、慣れている昔のスタイルが良いとばかりに、全国への普及には熱意を示さなくなりました。結局、私が関西の支店で新ビジネスを始めてからの2年間、私の支店の成績は順調に拡大したものの、全国の支店のなかの異端児であり続けました。その間には社長の交代もありました。しかし新ビジネスへの無理解は変わることがなく、しかも、支店の利益は以前にも増して本社に吸い上げられるようになり、支店で頑張ってくれている社員に報いることができないという状況になっていきました。

私が独断で始めた支店のハウスクリーニングサービス事業は、もはや個人のクリーナー販売ではありません。分業しながらチームとして成果を出していくものです。支店の利益は支店のルールできちんとチームに還元しなければなりません。その仕組みもつくりました。しかし会社が一方的に利益を吸い上げてしまうというなかでは、それが十分にできなくなっていきました。

新たなビジネスモデルには大きな手応えを感じていたので、このビジネスモデルをもって退職し、新たに自分の会社を立ち上げて継続しようと思いました。

結局スチームクリーナーの訪販の会社には11年在籍して、２００９年に退職、半年後に私は大阪の地で会社を16人で設立しました。訪販時代に体得したセールスを理想的な形でゴールに導く3段階は、私の大きな武器でした。それは単なるテクニックではありません。顧客の認識が購入に向けてどう深まっていくのか、それを実現する双方向のコミュニケーションとはどのようなものなのかという本質的な事柄についての学びです。だからこそ次のサービス提供ビジネスに適用することができ、3段階をチームによる分業として具体化することもできました。その先に見えてきたのがサービスの反復と拡大を通した顧客の豊かな生活の実現であり、ＬＴＶの最大化を目指した新たなビジネス展開です。それは「売る極意」をさらに大きく育てるものでした。

クリーニングサービスで顧客との関係を継続する

モノの販売は売れたときがゴールであり、顧客との関係の終わりです。しかし、サービスの提供は終わりがありません。顧客との関係の深まりのなかで、さらにニーズが見え、次のサービスの開発と販売につながっていきます。サービスの対象は無限に広がり事業拡大を通して売上や利益を高めていくことができます。一つのサービスの提供で生まれた顧客との関係を維持し、さらに深めることが次の「売り」につながります。セールスは顧客とのコミュニケーションの緻密化や分業制による組織的な取り組みによって確実に伸びていきますが、さらに顧客との関係を深めていけば、セールスのフィールドそのものがハウスクリーニングからさらに暮らし全般へと広がります。顧客とのリアルな交流の意識的な拡大は「売り」をさらに拡大し成長させていく契機になるのです。ハウスクリーニング事業を軌道に乗せたあとに私が目指したのも、この事業フィールドを暮らしへと拡大することでした。新たなサービス提供ビジネスを独自に行うために設立した会社はファモンドと名づけました。楽しいという意味のファンという言葉と、世界、社会を意味するフランス語のモンドをつなげたものです。楽しい地域やコミュニティをつくっていきたい、という思いで命名しました。また立ち上げた会社が落ち着いた時点で企業理念を検討し、その思いを「ご縁を笑顔に」というフレーズにまとめました。クリーニングを中心に、暮らしやすい住まいを提供することで顧客の豊かな生活の創造に貢献したいと考えました。

前職の関西の支店を拠点に開始したハウスクリーニング事業は、一回きれいにしたら、次に汚れが目立つようになり「またお願いしたい」という話がこない限り再訪ができません。仮に10年のお付き合いを続けた優良顧客であっても1年に1回の定期清掃だけでは結局10回しか対面するチャンスがないことになります。新会社ならせっかく築いた信頼関係をずっと続くようなものにして、もっと深く顧客にさまざまなサービスを展開していくことができます。

メインの事業は支店時代同様にハウスクリーニングです。3段階の分業による事業推進というスタイルも踏襲しました。ただし、支店時代のスチームクリーナーは退社した以上もう使えません。同様の機械で性能も変わらないドイツ製の製品を使うことにしました。高圧のスチームで薬剤に依存しないクリーニングができるという特徴は同じです。

事業は50歳以上の家庭の主婦をメインターゲットにして、アポインターがお試し清掃の勧誘をするところからスタートします。いつか役に立つかと思ってNTTが無料配布していた「タウンページ」の2000年版という古いものを個人的に手元に置いていたので、それがテレアポのリストになりました。これを使うと家に固定電話を引いている人に効率よくコンタクトが取れるのです。特別価格のお試し清掃の実施を入り口に、次の段階で本格的なクリーニングを行って顧客の満足度を高め、さらに次の段階に誘導して定期清掃や防汚コーティングなどの高額クリーニングを受注するという3段階を進みます。さらにこのステップを経ることで優良顧客として定着化させ、次のビジネスの基盤にしていくことを狙いとしました。段階ごとに適性に合わせたスタッフを派遣し、各段階のパフォーマンスを高め、ボトルネックをつくらないように各段階を太くつなぐ点は、支店時代の教訓を活かしました。

最初のお試し価格は2980円と低く抑えましたが、第2、第3段階のクリーニングの価格は、あえて一般のハウスクリーニング業者の価格体系より3割くらい高いものに設定しました。薬品を使わずスチームクリーナーを活用するところは私の会社のクリーニングサービスの大きな特徴です。それを価格のうえでも反映して、安ければいいというのではなく、環境意識の高い主婦層を顧客にしていきたいと思っていました。顧客との継続的な関係を考えたとき、ただ価格の魅力で寄ってきた人では会社にとっての優良顧客にはなりません。むしろそういう人はフィルタリング（選別）していくという考え方をしていました。

お試し清掃を実行する第1段階で顧客の6割、第2段階で同じく3割5分から4割、第3段階で同じく8割程度から次の清掃を受注すればこのビジネスは回るという設計は、以前と変わりません。商圏は、車移動を前提に片道最大1時間までに限定、大阪と兵庫、和歌山、京都、奈良の2府3県が営業エリアになりました。

当時は「悪質リフォーム」がマスコミで盛んに取り上げられていた頃です。注文された箇所に「屋根瓦がずれているからリフォームしないと大変なことになる」「床下をチェックしたらシロアリの被害が出ていた。急いで対策をしたほうがいい」といった詐欺まがいの強引な手法で、1軒の家から次々と工事を受注する手口が問題になっていました。しかし私たちのクリーニングビジネスは1段階ごとに仕事ぶりや効果を確かめてもらい、良いと思ったら次に進むというスタイルなので、この点でも安心を提供できるものでした。

営業メンバーは改めて各自の適性に合わせて各段階に振り分け、それぞれに作業用のマニュアルと営業用のトークスクリプトを用意しました。作業マニュアルは手順ごとに写真を示し、配慮すべきことなど細かく注釈をつけ、またトークスクリプトについては2種類を用意しています。人は感性で走る右脳タイプと、理性で組み立てる左脳タイプに分かれます。自分に合ったものが選択できるようにと考えました。また、いずれのタイプでも成績優秀なメンバーのトークは録音してテキストに書き起こし、チーム全体で共有しながら日々レベルアップを図っていきました。

私の会社がハウスクリーニングサービスを新たに始めると、似たようなビジネスモデルで競合してくる会社が現れました。やはり低額のお試し価格をフックに、エアコンなどの2台目3台目のクリーニングの受注を得ようとするものです。しかしお試し価格の清掃から次、さらにその次へと段階を経ていくノウハウや練り上げられたトークの準備がないので、お試しで終わってしまうケースが多く、当然なことにこれでは事業は成り立ちません。また、私の会社のようにいっさい薬品を使わないといった特色が打ち出せるところはなく、この点でも私たちのビジネスの優位性は揺るぎませんでした。

ニュースレター発行と友の会で絆を深める

サービス提供ビジネスで求められるのは顧客との関係づくりです。これが深まれば深まるほど、顧客のニーズの把握とそれを踏まえた新たなビジネス提案につながり販売の拡大が可能になります。

私が新会社で取り組んだのも、ビジネスモデルこそ支店時代のものとはいえ、従来の事業の再現や単なる拡大ではありません。サービス提供を通じた顧客との関係の強化やコミュニティづくりこそ、私がチャレンジしたいものでした。モノ売りを脱してサービス提供にシフトしたのは、顧客との関係を1回限りのモノの売買で終わらせることなく、関係を継続し深めながら、顧客のニーズに沿った新たなサービスや商品開発につなげていくということだからです。そのためにもクリーニングで獲得した既存顧客をしっかりと組織化し、コミュニティとしてつくっていきたいと考えていました。

隠れたニーズを見つけ出すために重要なのは、顧客とのリアルな関係性です。形式的なアンケートやWebフォームなどでは設問の範囲を出ることができず、質問者が想定していない意外な声は聞けないのです。私は、顧客が親しみと信頼を感じることのできる、こちらの人間性が伝わるような、手触りのあるアプローチが必要だと考えました。そうやって距離を縮めることで初めて聞こえてくるようなリアルな声をいかにたくさん集められるか、それが次のビジネスにつながります。

そこである程度ハウスクリーニング事業が軌道に乗った会社設立5年目くらいから継続的な関係づくりのためのニュースレターの発行を始めました。私を含めた4人が製作担当となり、A4判8ページくらいのものを隔月で発行しました。それまでにハウスクリーニングを実施した約3万件の顧客名簿のなかから、特にクリーニングサービスのリピート受注があった優良顧客8000件を抽出し、掃除の豆知識やスタッフ紹介、社長メッセージ、キャンペーン情報、清掃関連のお勧め商品の紹介や誌上販売などを主な内容として郵送しました。

リアルなイベントでさらに関係を深める

ニュースレターの発行と同時に行ったリアルなイベントも、顧客との関係強化という意味で非常に重要でした。ニュースレターを発行している顧客を自動的に「ファモンド友の会会員」として組織し、友の会の集いとしてさまざまなイベントを企画しました。

テーマにしたのは、まずはハウスクリーニング関係です。住まいをもっときれいにしたいという人が清掃サービスを使っています。プロの掃除のテクニック、昔ながらの掃除の知恵と道具の工夫などのテーマについては高い関心がありました。

しかし、クリーニングに限定する必要もありません。イベントのテーマは大きく広げました。例えばクリーニングサービスで自宅を訪れていると、主婦はさまざまな習いごとをしていたり、多彩な趣味を楽しんでいるということが分かります。自分の作品などが飾ってあるからです。アイスブレイク代わりにインテリアの小物などを褒めると、「実は私がつくった」「長いこと習っている」といった話になることが少なくありません。フラワーアレンジメント、プリザーブドフラワー、陶芸、刺繍、お菓子やパンづくり、日舞やダンスなど、家庭の主婦が趣味にしていることは非常に幅が広く、すでに講師をしているという人は別ですが、長年習っているというくらいでは発表の場もありません。しかし実は多くの主婦が、発表したい、人に見せたいという気持ちをもっているようでした。そこで友の会の主催で、展示会や人に教える場をつくりました。

例えば何度かハウスクリーニングを利用してくれた顧客のなかに、長年日本舞踊を習っているという人がいました。師範格ではありませんが、初心者に教えるくらいのことはできる人だったので先生になってもらい、他の会員に手ほどきをしてもらいました。日舞に限りませんが、こうした習いごとは、たとえ興味があっても、実際に入門して生徒になると考えると非常にハードルが高くなります。先生はどこにいて、どんな人か、月謝はいくらで着物や道具の準備にどれくらい掛かるのか、面倒な人付き合いが生まれたりしないか、すぐ止めることができるか……と気になることがたくさんあります。そのため、こうした身近な機会に肩肘張らず少しだけ真似事ができるというのは、貴重な機会になります。もしそれで本格的に習ってみようと思ったら正式に教室に入ればよいのです。実際、日舞の催しは申し込みも多く好評でした。ほかにもフラワーアレンジメントやパンづくりなど、さまざまなイベントを、営業エリアを3地区に分け小さな単位で行っていきました。

このイベントからの収益はありません。むしろ会場費や運営費は持ち出しです。しかし私の会社が核になってコミュニティをつくっていくという意味で大きな価値がありました。イベントの講師役を依頼した人がイベントの準備だけでなく集客にも積極的に協力してくれ、私たちの会社のスタッフのように動き、関係をさらに親密なものにすることもできました。独自に動員してくれた人が新たに友の会のメンバーになったケースもあります。また、イベント開催を重ねるなかでテーマにかかわらず常連として参加してくれる人が現れ、友の会のコアメンバーに育っていきました。リアルなイベントを通して友の会が拡大、定着していくことはビジネスの基盤を強固にしていくという意味で非常に大きな役割を果たすものになるのです。

営業担当者のモチベーションへの配慮も必要

顧客との関係強化は直ちに「売り」に直結するものではありません。その意味で営業担当者のモチベーションをいかに維持するかという視点をもち、営業メニューを整備することも重要になります。

実際私の会社でも友の会を母体に始めたイベントは毎回盛り上がり、顧客との関係強化を受注につなげるという点では成果を上げているといえましたが、イベント自体は収益を生むものではなく、またここで得られた受注も金額としては決して十分に大きなものとはいえませんでした。もっと多くの利益を上げて売りたいと考える営業マンにとっては「イベントに注力しても成果が見えない」「いくらクリーニングを受注しても、大きな売上にならない」という不満が出てきました。物足りなさを感じる営業マンが出始めたのです。

もともと営業のノウハウというのは、エアコンのクリーニングサービスを1台1万5000円で売るのも、車を500万円で売るのも、あるいは家を5000万円で売るのもノウハウという意味では変わりません。扱うモノは違ってもセールスという意味では同じであり、提供価格が安いからといってなんでも簡単に受注できるわけではありません。そのため単価の低いものを売っている人のなかには、高い販売スキルをもちながら安いものを売っていることになり、達成感が得られない、高いものを売って報われたい、と不満を抱える営業マンが増えました。特に営業力を買われて第2段階に配置されていた担当者にはその傾向がありました。

そのため単価の高いサービス導入が急務となり、模索しながらリフォーム事業への取り組みも始めました。結果として、受注金額の大きなリフォームサービス導入は営業マンのやる気に応えるものとなり、組織が所有する営業力を有効に使うことにもつながりました。

EC販売へのチャレンジは必須

EC市場の規模は急成長を続けています。2013年に約11兆1660億円だったBtoCのEC市場規模は2017年に約16兆5000億円、2021年には約20兆6900億円にまで拡大、スマートフォン経由の利用拡大が追い風となり今後も大きな伸びが続いていくことは間違いありません。商品やサービスの内容によってはEC販売が適さないといわれるものもあるとはいえ、今後の重要な販売チャネルであることは確実です。自社の取扱商品とEC販売との相性はいったん置いても、今後の「売り」を大きく左右するチャネルにどういう傾向や特徴があるのか、どのようなマーケティングが求められるのかを実際に運用しながら学んでおくことは重要です。

私はセールスの世界に入って以来EC販売に取り組むことがなかったので、できるだけ早い機会にそのチャンスを得ておく必要があると考えていました。

ハウスクリーニング事業を入り口にさまざまな住宅関連サービスを展開していった

ファモンドの経営は順調でした。極端に大きな受注はないものの事業は安定して展開を続け、メインの事業である環境配慮型のエアコンクリーニングは毎年3000件以上をコンスタントに受注していました。ほかにもキッチン、トイレ、浴室など合計6種類のクリーニングサービスを展開し、年間で約1億5000万円の売上を安定して計上していきました。

また事業を重ねていくにつれて50代以上の主婦層を中心に会社の固定ファンをつくることができ、ハウスクリーニングやハウスコーティングのサービスを提供した顧客は創業から10年間の累計で3万5000件を超え、友の会の会員数も1万人近くにまで伸びました。

ファモンド設立から10年を経て私が考えていたことの一つは、こうして軌道に乗ったハウスクリーニングサービスの継続的な展開を前提に、さらにリアルの場としてのイベント開催を充実させ、優良顧客から集める情報を基に次のビジネスを立ち上げる準備をしていくことでした。この流れをさらに拡大していきたいと考えていたのです。

そしてもう一つがEC販売について取り組みを急ぎ、ノウハウを蓄積していくことでした。ただしEC販売については、当時のファモンドは、人、モノ、金、いずれのリソースも余裕はありません。既存のメンバーの手を煩わせずに私が主体となって進め、会社の売上拡大を側面から支援する形にしようと考えていました。

販売する品目については、取りあえずこれまでの事業でなじみのあるハウスクリーニングに関連する道具や洗剤として、環境負荷の少ないものからいくつかをピックアップすることにして候補の選定を始めました。また、いつでも事業に着手できるようにECモールのアカウントの取得や決済システムの準備などを先行して進めていこうと考えていました。

画期的なシャワーヘッドと出会う

EC販売がいつでも始められるようにと体制を取っているときでした。たまたまお正月休みで、私は家でのんびりとテレビを見ていました。そのとき偶然にある製品のコマーシャルを見て体に激震が走りました。私の会社でEC販売をスタートさせる第一号の商品はこれしかないと、その瞬間に決断したのです。それほど衝撃的な出会いでした。それはシャワーヘッド型の美顔器です。人の目には見えないような超微細な気泡を含む水を噴出するところが大きな特徴です。

家で見たコマーシャルではモデルの頬につけた油性ペンの汚れが、このシャワーを当てるだけでみるみる落ちていく様子が映し出されていました。これはすごいと思いました。私はハウスクリーニングの仕事で、皮脂汚れなど油分を含む汚れがいかにしつこく、洗剤を使わずに落とすことが難しいかということをよく知っていました。肌へのダメージや環境汚染を考えれば、石けんや洗剤を使わないことが理想であることも分かっています。油性マジックが落とせるということは、こうした油分の汚れが水流だけで落とせるということです。インターネットで検索して調べてみると、その原理はこういうものでした。

人の髪の毛の太さは、大体50～100マイクロメートル（μm、1μmは0・001ミリ）、毛穴の大きさは100～300マイクロメートルといわれていますが、このシャワーヘッドが水とともに噴出する泡の大きさはわずか0・13マイクロメートルという細かさなので、毛穴の中に入り込んで汚れを落としてくれるというのです。石けんなどを使う必要はなく、そもそも石けんで顔の表面を撫でても、毛穴の奥の汚れには届きません。シャワーヘッドをどのように工夫すればこれほど小さな泡をつくることができるのか、技術の詳細は企業秘密ということでしたが、確かにこのシャワーヘッドは画期的だと直感しました。

美顔はもちろん、私の専門分野である住まいの清掃に使えます。特に浴室の汚れは人の皮脂や石けんかすなどの油分がほとんどです。このシャワーで洗えば、洗剤を使ったりゴシゴシこすらないできれいにできるということです。

私の会社の顧客はスチームクリーナーを活用し洗剤は使わないという清掃方法に共感してハウスクリーニングを利用してくれています。その志向にもぴったりです。顧客に紹介すれば間違いなく喜ばれる商品であり、購入の機会を提供することは顧客との関係を深めるきっかけの一つになると思いました。新たに購入客を探さなくても、既存顧客に十分アピールする内容があります。

1本約5万円と高価でしたが、私の会社の浴室クリーニング2回分で、しかもその後はさまざまな清掃に活用できることを考えれば、価値のある買い物です。浴室クリーニングの注文は減るかもしれませんが、それで浮いた1回2万5000円程度の金額は、他のクリーニングサービスに使ってもらうことができると思いました。また、自社の顧客層に、クリーニング以外の美容関連の商品を示してその反応を見ることは、今後のビジネスの方向性を探るにもいい機会になると思いました。美容に関心のある人、しかも5万円を投じることに躊躇しないという人が顧客リストとしてピックアップされることになります。その人は間違いなく、今後のファモンドの有力な顧客です。販売を請け負えば、私の会社の事業にマッチした顧客を浮かび上がらせる役割も果たします。

しかもこのシャワーヘッドはECサイトでの販売に向いていました。油性ペンの汚れが落ちていく様子を動画で見せるというのは非常に説得力があり、何も語る必要はありません。長々しいテキストや、データの表などはいりません。「これは個人の感想です」といった逃げが必要なあいまいな利用者の声を使う必要もありません。ただ短い動画を見てもらえばいいだけなのです。

私はこれを私の会社のECサイト販売商品のメインにしようと思ってメーカーに連絡

をとることにしました。のちにこの取り組みは私に、ＥＣサイトでいかに売るか、どういうサイトにすれば売れるのか、さらにはＥＣ販売に秘められた大きな可能性とは何なのかを教えてくれるものになったのです。

第5章 売れるセールス理論

売れる本質はネットもリアルも同じ

「セールス３段階理論」を貫けば結果は自ずとついてくる

売るために求められることは変わらない

人々が営々と積み上げてきたリアルな場面でのモノの売買に比べれば、ＥＣ販売の歴史はごく短いものであり、まだ黎明期といっても過言ではありません。今後もデジタル技術の進展や5G、6Gと呼ばれる高速の通信規格が一般化することで、ＥＣ販売はさらに使いやすいものになっていきます。

しかし、どのようなデジタル技術が間に入るにしても、人と人が向き合いコミュニケーションをとって購入の判断をする点で、リアルもＥＣも変わるところはありません。訪問販売で3段階に区分した顧客の認識の深まりは、ＥＣ販売にもあります。その道筋を追って、顧客のなかに「買おう」という意思が形成されるまで丁寧な対話が必要なことは同じなのです。デジタルでのやりとりがどのような特徴をもち、どこに気をつけ、どういう点を活用すべきなのか――デジタルとリアルの双方に本質として貫かれている共通のものと、まったく異なるコミュニケーションスタイルであるためにしっかり区別して独自に工夫しなければならないこと、その両方を探っていかなければなりません。

私がこのシャワーヘッドとの出会いをきっかけにしたEC販売で圧倒的な成果を出すことができたのも、この変わらないものと独自に工夫すべきことの2つを明確に区別して、それぞれに取り組んだことによるものです。

EC正規販売代理店契約を結ぶ

このシャワーヘッドについて販売代理店契約を結びたいと思い、私はテレビコマーシャルを見てすぐに発売元のメーカーを調べ、メールで販売代理店契約についての問い合わせをしました。「善は急げ」です。

メールを出したあとは、当然すぐにも反応があるだろうと思ってメールの着信を気にしていました。ところが当日はもちろん翌日にも返信がないのです。こちらが意気込んでいただけに肩すかしをくらったような気持ちでした。その後、1週間経っても2週間経っても何の音沙汰もありません。販売代理店については関心がないのだろうか、それならこの話はダメかもしれないと思いました。しかし、乗りかかった船です。このまま消滅させてしまうのもあまりにも惜しい気がして、直接電話をかけてみました。すると、販売代理店に興味がないということではなく、単に私のメールを見落としていただけだったと分かりました。先方も恐縮した様子で、すぐに販売責任者が来社してくれました。そして責任者が言うには、まだ発売間もない商品でそれほど売れているわけではないが、良い商品だから徐々に売れ始めると思っているとのことでした。そして、販売については他の商品と同様に建材系の卸に任せているということです。このメーカーは水の扱い、特に泡や水流の研究をベースに商品開発をしている会社で、非常に微細な気泡で体をきれいにしてくれる浴槽、水道水から塩素を取り除く家庭用の浄活水システムなどを商品化し建材系の流通を使って販売していました。今回のシャワーヘッドも同じ流通に頼るつもりで特に積極的に販売代理店を立てる計画はなかったらしく、私の会社の申し込みには今までにない突然のことで、びっくりしたというのが本音のようでした。

独自技術にこだわりながら「良いモノを世の中に出す」ことに力を注ぎ、販売や広告宣伝は行うが、PRには多くの経営資源を投じることはしない、いずれ良さが世の中に知れ渡れば必ず売れるようになる、という技術寄りの中堅企業でした。それならなおさら、私の会社がもっている販売力と優良顧客組織を使ってぜひ世の中に送り出したいと思いました。今は良いモノが自動的に売れていく時代ではありません。待ちの姿勢では売れないのです。モノは溢れ情報も氾濫しています。シャワーヘッド一つとっても、すでにいろいろな製品が出ていて、いくら技術が自慢で、これは今までにない画期的なものだと自画自賛しても、だからといって売れていくわけではありません。3段階理論を活用し、さらにECサイトならではの映像による訴求力を活かしてぜひ販売にチャレンジしたいと思いました。

会社で商品のデモンストレーションを改めて見せてもらい、確かにテレビコマーシャル通りに高い性能を有していることが分かりました。また、メーカーの会長自身の、家族の悩みをなんとかしたいという願いで始まった商品開発であったというエピソードも聞いてますます魅力を感じました。開発者の思いの深さは商品の信頼性を裏づけるものであり、共感を誘って販売を後押しする大きな力になります。当時はすでに2社がECサイトにそのシャワーヘッドを載せていましたが、いずれも多くの商品のなかの一つとしてラインナップされているだけでした。専用ページを用意するわけではなく、特に力を入れた取り組みには見えません。私は専用サイトと謳ってＷｅｂページをつくり込めば、この商品の特徴や魅力は非常に分かりやすいので、ある程度は確実に売れるだろうと考えました。

今はまったく展開されていないものの、効果をあれだけはっきり短時間の動画で示すことができるデモ商品はネット販売に適しています。絶対に伸びると思った私は、ＥＣサイトを開設して販売したいので正規代理店にしてほしい旨を改めて申し出ました。ただし、単に自分の会社のＥＣ販売サイトが扱う多くの商品の一つという意味合いではなく、メーカーが認定する正規販売サイトにしたいということもつけ加えました。Amazonをはじめとする ＥＣモールのどこでも扱っているとなれば、たちまち価格競争、あるいは配送料金の安さや配送の速さという競争になります。そういう消耗戦に私の会社のような弱小の運営会社に勝ち目はありません。

先方は、１本約５万円という高額商品であり、ＥＣ販売には適さないと思って特に取り組みはしてこなかったと言います。しかし私の会社が言うのであればトライしてもらってもいいし、正規代理店としての契約を結ぶのも構わないとの回答でした。取りあえずは1年契約で、最低でも年間1200本は仕入れてほしいという話でした。

1200本といえば毎月100本です。正直なところ不安はありました。当面は優良顧客に向け、薬品を使わない清掃道具の一つとして紹介・販売することを考えていましたが、頑張っても月間30本程度と予想していました。残り70本を毎月いかにさばくか、妙案はにわかに思い浮かびませんでしたが、とにかく代理店契約を結びました。

契約後の雑談のなかで2週間後に民放キー局の午後の情報番組でこのシャワーヘッドが取り上げられる予定になっているという話が出ました。EC販売サイトをオープンするなら放映に間に合わせたほうがいいのは明らかです。時間は足りませんが、取りあえずはその受け皿にすることを優先して突貫工事でつくろうと思いました。私の会社のメンバーは原則として新たなECサイト販売の業務には投入しないと決めていたので、従業員のなかから一人だけ私のサポートについてもらい、メインの担当としては私の友人のマーケターに声を掛けて入ってもらい、3人で準備を進めることにしました。

ECサイトにも3段階の構造が必要

ECサイトに載せる画像やテキストなどを新たに撮影したり書き起こしたりする時間はありません。メーカーがつくった商品パンフレットにあるものを流用することにしました。アクセスしてきた顧客に、導入段階（アプローチ）で何を伝え、次に商品の内容や価値の紹介（デモンストレーション）の段階でどういうことをアピールし、最後の購入手続き（クロージング）で何を伝えるのか——この3段階は、訪問販売で商品を販売するために展開するセールストークでも、クリーニングサービスを分業しながら売るチーム販売でも共通です。ECサイトで展開する顧客とのコミュニケーションの設計にも、その考え方を貫きました。

顧客がサイトにアクセスしたときに、まず長々とした商品説明が始まったり、いきなりクロージングの場面に引っ張られたりしたら訪問客は混乱してしまいます。こういう順番で読んでほしいという最低限の流れを整理し、スムーズに移行していける動線に配慮しようと話し合ってページ制作を急ぎました。Ｗｅｂ広告の展開については特に細かい計算をすることなく、まず30万円くらい使おうと私の判断でアバウトに決めました。

通常は最終的な販売目標数から逆算し、どれだけのアクセス総数（クリック数）であればそれが達成できるかを考え投入する広告費を検討します。しかしこの商品について反響を予測する根拠となるデータはありません。また販売戦略を細かく練っていたわけでもありません。30万円は私の会社の懐事情から、テスト販売に出せる範囲の金額と考えたものです。

注文が殺到、1日で予定の8カ月分を販売

テレビ番組放映の当日、その日の早朝まで手直しを続けたサイトも、なんとかこれでいけるというものになり、私はやれやれといった気持ちで、連日の深夜までの作業でこわばった体をほぐすためにマッサージを受けに行きました。

状況が一変したのはテレビ放送が始まって間もなくのことです。会社で留守番をしな

がらサイトの動きを見ていたスタッフからマッサージ中の私の携帯電話に着信がありました。耳に飛び込んできたのは「大変なことになっています！」というわずった声です。どうしたのと聞くと、アクセスが殺到してあっという間に広告の30万円分が消化されてしまい、またサーバーの運用会社からはこのままではダウンするという緊急連絡も来ているというのです。

反響のあるのはいいことだから広告費は取りあえず100万円分を追加で入れよう、サーバーの会社には増強を頼もう、ということにしました。パートナーで入ってもらっているマーケターからは、1回で100万円入れた経験がないので大丈夫なのかという連絡が入りましたが、アクセスする人がいるのだから100万円でも200万円でも入れたらいいと返事をしました。ただし、その反応を見る前に増強が間に合わずサーバーがダウンし、サーバーの運用会社に怒られながら増強を急いでもらって1時間で復旧させましたが、いずれにせよ想定をはるかに超えるアクセスでした。

結局、その1日だけで約800本、4000万円以上を売り上げました。月100本を仕入れる契約で、まずは月間30本売れればいいと思っていたのです。それがたった1

日で800本、契約の8カ月分を売り切ってしまったことになります。何が起きているのか分からないというのが正直な感想でした。「これは大変なものに手を出してしまった」という恐怖感すら感じていました。

しかしとにかく注文客への納品を進めなければなりません。手元の商品がまったく足りないので追加で仕入れたいとメーカーに連絡すると、その日は社員研修で全員不在というのです。なんとか連絡をとってもらうと、メーカーとしての在庫はほとんどなく、もともと年間の生産本数は3000から4000と想定しているために、すぐに増産といってもできないという返事です。なんとかしてほしいと重ねて頼み、他の代理店に卸しているものはすぐに動かないだろうということで、そちらから回してもらうことになりました。先方としてもラインの増強は検討するものの、取りあえずそれでしのいでほしいということでした。

テレビ放映の後もサイト経由の注文が続きました。在庫はなく生産も間に合わないので納品まで3カ月待ち、4カ月待ちという状態になりました。サイト上にはすぐに「増産中ですが、人気商品のためお待ちいただくことになります。申し訳ありません」とい

う お断りを出しましたが、逆にそれが「すごいシャワーヘッドがあって買えないらしい。最低でも3カ月待ちになっている」というネット上の噂を呼び、さらにそれが購入申し込みに拍車を掛けることになりました。

結局、月初めの6日にテレビ放映があって始まった販売は、その月の1カ月弱で合計約3000本、約1億5000万円を売り上げました。1億5000万円の売上といえば、当時の私の会社の年間売上に匹敵する額です。それを1カ月で、しかも3人で達成してしまいました。

ECマーケティングの強化へ

販売開始初月の誰も予想していなかった爆発的な売上を受けて、私はこの勢いを堅持してEC販売で確実にトップを維持することを考えました。初月の反響の大きさを考えても、マーケットがさらに広がっていくことは明らかです。先行者利益を確実に活かし、このシャワーヘッド販売でダントツのトップになることを目指しました。

まず必要だと思ったのは、商品とメーカーの信頼性の向上です。

テレビ放映という大きなきっかけや私の会社の広告展開、「納品待ち」「噂のシャワーヘッドを手に入れた！」といったSNS上での話題などで、大量のアクセスが続くことは明らかでした。効果が直感的に分かる動画もあります。しかし、ECサイト販売につきまとうのは、商品やメーカーに対する不安感です。インターネットは簡単に情報公開できるだけに、その社会性や信頼性には常に疑問の目が向けられます。誰でもその企業名や商品を知っている大手企業のモノであれば信頼感がありますが、小さなメーカーの新商品で、しかも高額となれば、新しい物好きの一部のイノベーター層を除けば「大丈夫か？」と不安になるのは当然のことです。

そのため信用の強化が重要になります。そこで私はサイトの新たなコンテンツとしてメーカー会長のインタビュー動画の作成を考えました。会長は技術者ではありませんが、水に関連するさまざまな技術開発に熱心に取り組み、本当に顧客にとって良いと思えるものになるまで妥協しないという良い意味で頑固で一徹な人です。それがこのシャワーヘッドの開発にもつながったのですが、家族の健康を願って必死に研究を重ね、技術者の協力も仰いで画期的な製品の開発を成し遂げたのです。儲けではなくて家族の幸せに一生懸命に取り組む、それが事業の原点になっています。私はありのままを動画にして伝えたいと思いました。

ただし、話はすぐには前に進みませんでした。当時、私の会社はまだメーカーから十分に信頼を得ていなかったのです。もともと先方企業はネット販売ではそんなに売れるはずがないと思っていました。それが前例のない売れ方で、代理店契約を結んで1カ月も経たないのにすぐに3000本の追加が欲しいという話だからなおさらです。もしかしたら大量に買い占めて再販したり横流ししたりするのではないかという警戒心もあったようでした。そもそも彼ら自身にも、ネットでモノを売る会社は正体がよく分からないという感覚があるようでした。

しかし弾みがついている今、次の展開は非常に重要でした。「特にメーカーや商品に対する信頼感の醸成が今は欠かせない、すべての準備はこちらでする。会長に15分の時間を割いてもらうだけでいい」と説得し、実現にこぎ着けました。

対談相手は私自身がすることにして、実際、台本なし、リハーサルなしのフリートークにしました。シナリオ通りによどみなく話している、という印象にできあがってしまうと、かえって宣伝臭さが出て逆効果です。訥弁でもいいのでその場で考えたことを話してもらいたいと思っていました。素朴で真面目な人柄が伝わるようなものにしたかったのです。

もともと会長は話が上手だとは感じていましたが、まさに話したいことでもあったことから、ぶっつけ本番のインタビューも一度の収録ですぐに終わりました。アトピー性皮膚炎がひどくていじめにあっていた長女をなんとか助けたいという思いで水道水から塩素を分解する薬剤を仕込んだシャワーヘッドを開発したこと、もう一人の重い病気に苦しんで入院生活を余儀なくされていた娘を幸せにするために、人の健康に直結する水や泡の研究を続け、「ウルトラファインバブル」の技術を確立し、浴槽やシャワーヘッドに展開してきたことなどを、一つひとつ言葉を選びながら丁寧に語ってくれました。すぐに編集してサイトのコンテンツに加えました。インタビュアーとして私が登場したことは、正規代理店としての私の会社のアピールにつながるはずです。

ネット販売の反響の大きさからすぐに予測したことですが、3カ月後くらいからほかにもそのシャワーヘッドを扱うサイトが出てきました。当然これだけの実績を出せば売りたいという流通事業者は出てきます。その商品をメニューとしてもっていることがサイトへのアクセス向上につながるからです。またメーカーもＥＣサイトで売れるということが分かり、以前から取引のある卸事業者や代理店に「ＥＣサイトがいい」と勧めるようになっていました。

購入希望者にとっては価格が同じで送料や手に入る時期に大きな違いがなければどこのサイトからの購入でも同じことです。売上本数の総数はほぼ決まっています。ＥＣ販売サイトが増えるということは、決まったパイを取り合うだけのことであり、先行したＥＣ販売代理店である私の会社にとってうれしいことではありません。競合してくるＥＣ販売店とのシェア争いにいかに勝つかということがテーマになりました。

会長のインタビューを行っているということも大きなアピールポイントですが、加えてサイト名を商標登録することにしました。もともと私の会社が新たなサイトのブランディングのために考え、ロゴも考えて使っているものです。これをもし他のサイトが使うようになったら、いよいよ一般ユーザーに区別はつきません。実店舗であれば立地も建物も接客する人も違うので混同されることはありません。しかしネット上では同じネーミングならどこも一緒なので、商品名は独占する必要がありました。ただしメーカー自体がもっている商標が入るので、サイト名の商標そのものはメーカーが取得するものになります。そこで会社としては商標の独占使用契約をメーカーとの間で結ぶことにしました。

広告投資の拡大で売上トップの座をさらに強化

インターネット広告の効果は投下した広告費用にほぼ比例すると考えることができます。それだけのクリック数が確保できることはほぼ間違いないからです。大きくお金を投下すればそれだけ大きな反響が得られ、自動的に売上も上がっていきます。この明瞭さはEC販売の大きな特徴です。

私は初月の売れ行きを見て、初年度の広告費を年間合計で2億円まで使おうと考えました。ここは勢いを止めずに一気に売上を拡大し、先行者としての地位を確かなものにするときだと思ったからです。そのためには思い切って広告費を使うときだと判断しました。しかも当時はネット上の販売サイトが少ないことから、キーワード単価は低く抑えられていました。従って投下した広告費の範囲で効率よく大きな効果を期待することができたのです。

ところが、類似の販売サイトが立ち上がることによってキーワード単価が徐々に上がり始めました。実際、次年度は同じだけの広告効果を得るために初年度の1・5倍に当たる3億円を投じなければならなくなりました。しかし、ここで引くことはできません。私は「弱者の戦略」と呼ばれるランチェスター戦略の逆をいく考えでした。「強者の戦略」です。このシャワーヘッドの販売に後から参入したECサイトは、まずは自社サイトへの流入を拡大させるために、リスティング広告への資金投入を集中的に進めることが考えられます。ページのブラッシュアップとか、販促キャンペーンの展開、購入者へのサービスの拡充といったことはひとまず置いて、とにかくまずアクセスを増やすことに経営資源を集中するはずだからです。それが増えないことには、いくらページをブラッシュアップして待っていても何も始まりません。

そこで私の会社も、躊躇せずにリスティング広告への資金投入を増やしました。その当時の会社の最重要課題は内部に利益を積み上げることではなく、そのシャワーヘッドを販売するメーカー公認のECサイトとして売上で圧倒的な差をつけ、トップの座を確実なものにすることです。そのため、販売による利益はどんどん広告に注ぎ込むことにしました。年間で5億円、6億円と思い切って投下していったのです。

これが「強者の戦略」です。広告に大胆に費用を投じることでキーワード単価を上げ、他のサイトが従来と同じ広告資金を投じても、単価が上がっているために効果は抑えられるということです。実際、多くのサイトが広告への資金投入が限界に達して消えていき、私の会社の売上はさらに拡大、EC販売サイトトップとしての優位性はさらに確かなものになりました。

EC販売は売上をコントロールできる

もともとEC販売は売上がかなりの程度までコントロールできるというところに特徴

があります。何をいつどれくらい売るか、その戦略が立てやすいのです。その理由が広告への投入費用と売上の相関の強さです。

ＥＣ販売の広告効果の判定でよく使われる指標がＣＰＡ（Cost per Acquisition またはCost Per Action の略。顧客獲得単価の意味）です。掛かったコスト÷コンバージョン数（商品の購入やセミナー申し込みといった設定した目標の達成数）で計算することができます。例えば１００万円を投じた結果１０００件のコンバージョンがあればＣＰＡは１０００円ということになります。類似の指標にＣＰＲ（Cost Per Response）と呼ばれるものがあります。これは問い合わせや資料請求がどれほどあったかを見るもので、さらにＣＴＲ（Click Through Rate：表示された広告の回数に対してどれくらいの数のクリックがあったか）、ＣＶＲ（Conversion Rate：クリック回数に対してどれくらいのコンバージョン数があったか）という指標もあります。このようにＥＣ販売では、投下した広告費用がどれだけのクリックを生み、どれだけの成果につながったかということが、さまざまな数値で具体的に把握できるのです。

しかし、新聞や雑誌、テレビなどのリアルなマス媒体への広告出稿は、何人が見て、どういう内容のリアクションをしたか、どういうアプローチが誰にどう響いたのか、その内容はつかめません。広告出稿後に売上がどう変化したかという漠然とした結果が見えるだけです。仮に売上が上がったとしても、それがどこまで広告の効果といえるのか、別の要因がどれほど含まれているかは分かりません。

マス媒体を使った場合でも広告効果はROAS（Return On Advertising Spend、広告費に対する売上の割合）という数値でつかむことができますが、ECサイト販売では、この数値の精度が非常に高いことが特徴です。反応が具体的に数値で見えるからです。そのため、ある程度の広告展開をすれば、100％の確度ではないにしても、ほぼ間違いのない予測データが得られます。100万円を投入すればこうなるだろうという見通しが立つのです。これは逆に言えば、獲得したい広告効果から逆算して、これだけを売るには500万円が必要だ、1000万円が必要だということが見えてくるということです。売上と利益は同じではありませんから利益率をいかに高め、利益を拡大するかは別の検討が必要ですが、売上だけなら広告費をいくら投入するかでおおよその結果は決めることができます。

つまり売上をある程度コントロールすることができるということです。

会社は売上を伸ばし続けなければいけないということはありません。そういう考えを強迫観念のようにして背負っている経営者がいます。改めて「なぜ毎年の売上を前年以上に上げていく必要があるのか」と問うと、本人にも理由が分からないということすらあります。少なくとも自分が社長である間は、売上を落としたくない、という外聞を気にしたものであることが少なくありません。創業者一族が経営者としてバトンをつないでいる会社の社長であればそうした短絡的な発想は生まれにくいのですが、3年、5年といった周期で定期的に社長が交代するような規模の大きな会社では自分の任期を滞りなく務めたいという意識が強くなり、売上を上げ続けることが至上命令になりがちです。

しかし「とにかくここ数年は売上を伸ばし続けて社会的な影響力を高めたい」という明確な目標があるなら別ですが、売上は常に伸ばし続けなければいけないというのは思い込みでしかありません。その企業の理念や10年先、20年先に実現したい姿との関係で、今何が必要かという戦略的なアプローチをすれば、とにかく前年を上回る売上の達成だけが目標になることはないはずです。売上は横ばいあるいは前年を下回っても、今は販管費を見直して利益率を改善するとか、次の商品のために、開発にあらゆるリソースを割くとか、あるいは優秀な人材確保のため、さらには顧客との関係構築のために費用を掛けるといった経営判断も十分あり得ることです。

経営者にとって売上は必要があれば上げればよく、必要がなければ上げなくていい、下げてもいいものだと思います。経営戦略はそこまでの広がりのなかで検討されて初めて戦略の名にふさわしいものとなるのです。

こう考えたとき、ＥＣ販売は非常にコントロールしやすく、中長期の経営戦略に沿った販売戦略が立てやすい取り組みです。私自身、ビジョナリーカンパニーを目指し「今」やるべきことに向けて集中と選択を図っています。今は一気に売上を伸ばして販売店としてのシェアトップを確定しようと考えたり、今は売上ではなく販売システムの強化に取り組もうとしたり、状況に合わせて柔軟に戦略を立てて実行してきました。ＥＣはそれがしやすい販売チャネルなのです。

ECサイトはブランディングが重要

リアルな店舗であれば、どんな街のどのビルに入っているか、何がどうディスプレイされているか、スタッフの雰囲気はどうかといったことで、店舗の独自性がアピールできますが、EC販売の店舗は小さなページのなかだけであり、個性が出せません。訪ねる側からいえば、その店舗の〝格〟も特徴も見えないのです。同じメーカーの商品を扱っていて、価格がほとんど変わらなければ、購入側にとってはどこも一緒に見えてしまいます。販売側にしてみれば、自分の店を選んでもらい使ってもらうことが難しいのです。リアル店舗が店舗デザインにこだわるように、ECサイトも独自のブランディングが欠かせません。

私がリスティング広告への集中的な資金投入による売上の拡大の次に行ったのも、唯一のECサイト正規代理店としてのブランディング強化でした。

シャワーヘッドのEC販売サイトが複数になることで顧客の側に「何が違うのか」「ど

こで買えば安心なのか」という戸惑いが生まれていました。これは商品の良さでアクセスしてくれている顧客に、本来不必要な気苦労を掛けることになります。

そこでECサイトのブランディング強化のためにテレビCMを独自に製作し、15秒スポットで半年間放映することにしました。

工夫したのはメーカーの製作するCMとの連動性です。当時メーカーでもテレビCMをつくっていたので、メーカーと交渉して、同じ大手広告代理店で、同じキャスト、同じ製作陣でつくることにしました。メーカーCMの続編のような仕上がりにすることが狙いです。そうすることで、あの商品はこのサイトで買えば間違いないんだなと思ってもらえます。製作から放映まで全部で1億円以上を投じましたが、これも販売サイトナンバーワンを確かなものにするという明確な戦略のもとで進めたことです。このCMの効果がどうだったのか、それを示す定量的なデータはありません。しかし、関東圏での販売を伸ばしたいという意図をもつメーカーと相談しながら関東圏に重点を置いて展開したCMでした。実際、放映前は関西圏の売上が全体の6割を超えていたのですが、放映中から関東の割合が増え始めてほぼ同じになり、放映が終わったときには関東が逆転して関西を上回る数字を残すようになりました。このことはＣＭの効果が出たものと考えることができます。同時にそれは私たちのサイトの正規代理店としての認知が進んだことを意味するものでした。

また、サイト独自のサービスも強化しました。一つは期間限定の販促キャンペーンです。「Amazon ギフト券５０００円分」または「ＱＵＯカード５０００円分」贈呈などのサービスを展開しました。５０００円分というのは決して少ない額ではありませんが、ＥＣ販売サイトのトップとしてしっかり売上と利益を出していることから可能になるものです。期限をつけたのは、購入検討者の背中を押すための仕掛けです。

もともとＥＣ販売はリアル店舗に比べて購入の決断がしにくい、という傾向があります。サイトを閉じるだけで買い物は気軽に中断、あるいは中止できます。「カートに入れる」ところまで進んで決済しない「カゴ落ち」と呼ばれるケースは、一般に６割から７割に上るとみられています。つまり１００の実際の買い物の後ろには、カートに入れながら決済されなかった商品が３００以上もある、４００カゴに入っても１００前後しか決済されないということです。

リアルな店舗ではカートにモノを入れながら最終的に買わないというのは非常に稀ですが、ネット上では抵抗なくできます。リアル店舗と異なり、商品に対して疑問や不安があっても、身近に相談する友人や家族がいることはほとんどなく、質問をする店舗スタッフがいるわけでもありません。顧客は一人で判断するしかありません。さんざん悩んで結局「ま、今日は止めておこう」ということになりやすいのです。販売促進のためには何らかの形で決断を促すことが有効であり、期間限定のキャンペーンはその一つです。

そのほか「送料無料」「平日15時30分までの注文で即日発送」「5年保証」「30日間完全保証（返品保証）」といった特典をつけました。当然ながらこれらは、実施に費用が掛かり、利益率を下げることになりますが、初期の好調な販売で得た利益を積極的に再投資して他のEC販売サイトとの差別化を図る材料にしていきました。

時期によってサイト訪問者のキャラクターは変わる

ＥＣ販売は、売ろうとする商品が非常に多くの人に、しかも長期にわたって提示されるという大きな特徴があります。リアルな店舗に置かれる商品は陳列棚の面積という物理的な限界があり、媒体広告などを打っても媒体とともに一定期間で姿を消しますが、デジタル情報としてひとたびインターネット上に載れば、時間に関係なくいつまでも存在します。検索などによってすぐに人の目に留まることができるのです。

そのため、商品に注目する人は時間の経過とともに変わっていきます。市場に登場した直後と、その半年後、1年後、2年後、さらには5年後に注目してくる人は、社会的な背景が異なり、動機や目的も異なっています。従って、商品の紹介の仕方も時間を追って変えていくことが必要です。初めの登場時の話題性だけでなく、安定して売れ続けるモノであるためには、その表現の仕方も変えていく必要があるのです。

私たちもEC販売サイトとしてトップを維持するためのさまざまな取り組みを展開しながら、ランディングページ（LP）は少しずつ改善を進めていました。

特にサイト創設当初のものは、放映が決まっていたテレビ番組に合わせてその受け皿として突貫工事でつくったものです。そのままでは限界があり、YouTube動画の公開や画像やテキスト内容の差し替え・見直しなどを順次進めていました。

その改善のなかでもかなり大がかりに取り組んだのはサイトのオープンから1年以上が過ぎてからです。「売れている間は変える必要はない」「ページの印象が変わるのはマイナス」という考え方もありますが、LPの見直しは非常に重要です。特に今までにない新しい趣向の商品をローンチした場合は、早めに見直しを掛けていくことが必要です。新商品が話題になるサイクルは、新しさが際立つものほど短いからです。

このシャワーヘッドについても当初のLPが想定しているのは「イノベーター」と呼ばれる層でした。彼らは目新しいモノを感度良く見つけ、それを率先して試して、感想や情報を横に展開していきます。特に水の問題に関心が高いとか、シャワー設備に詳しい、住宅関連用品の専門家であるというわけではありません。シャワーヘッドにこんな機能があるとはこれまで誰も思ってこなかったので「シャワーなのにこんなことができるんだ。新しい！　面白い！」と受け止めるのです。

まずはそういう人が集まってくるページです。細かい技術的な解説やエビデンスの紹介は重要ではありません。「今までにない」「新しい」「他の人はまだ使っていない」ということが雰囲気として伝わることが最も大切になります。それがぱっと見た瞬間に伝われれば購入へと進む可能性は高まります。使用する写真やデザインイメージ、テキストのトーンも、全体に躍動感がありニュース性が感じられるようなものがイノベーターにはフィットします。

イノベーターの次に登場するのが「アーリーアダプター」と呼ばれる人々です。イノベーターほどではありませんが、彼らも新しい商品には関心の高い人々です。イノベーターに比べれば、目新しさだけでなく機能面やさまざまなメリットにも注目して商品を採用しようとします。その意味ではSNSなどによる発信力もあり「オピニオンリーダー」になり得る人々です。イノベーターの動きがフォローされ、次に広がるかどうかはアーリーアダプターがどれほど動くかによると言っても過言ではありません。

そしてイノベーターとアーリーアダプターに続いて登場してくるのが「アーリーマジョリティ」と呼ばれる顧客です。

彼らはアーリーアダプターが発信するものを高い関心をもって受け止めますが、すぐにそれに追随することはなく、しっかりと情報収集を進め慎重に検討して購入の判断をします。新しいものへの関心と慎重な検討の両面をもっているだけに周囲から寄せられ

イノベーター理論のグループ

イノベーター	新しいものを感度良く見つけ、それを率先して試して、感想や情報を横に展開する。
アーリーアダプター	イノベーターほどではないが、新しい商品に関心の高い人々。目新しさだけでなく機能面やさまざまなメリットにも注目して商品を採用しようとする。
アーリーマジョリティ	アーリーアダプターが発信するものを高い関心をもって受け止める一方、すぐにそれに追随することはなく、しっかりと情報収集を進め慎重に検討して購入の判断をする。新しいものへの関心と慎重な検討の両面をもっているだけに周囲から寄せられる信頼感は大きく、横への波及力がある。
レイトマジョリティ	より慎重に行動する層を指す。

※アメリカ・スタンフォード大学のエベレット・M・ロジャース教授が提唱したイノベーター理論（1962年）に基づき作成。購買に関心が低い層を指す「ラガード」は省く。

る信頼感は大きく、横への波及力があります。
ある商品がイノベーターやアーリーアダプターの域を超えて広く定着するかどうかはこのアーリーマジョリティの動向によって決まるともいわれ、当初のヒットを一過性のものではない社会に根付いたトレンドにするのはこのアーリーマジョリティを動かす訴求力が非常に重要です。

このシャワーヘッドのEC販売は、2年目の後半に入る頃から、初期のイノベーターやアーリーアダプターが率先して購入し情報を広げていく段階を過ぎて、よりマジョリティ層に広がっていくフェーズに入ったと判断しました。

当然この段階ではＬＰのデザインや内容も変えていく必要があります。

初期の新奇さを感じさせるデザインや色使いを、より落ち着きのあるものに変え、人に言われたからではなく、自分で調べたり学んだりしながらじっくり検討したいという要求に応えるためにさまざまなエビデンスを用意し、グラフなどで見やすく表現したり、利用者の生の声や医師など専門家の見解も集めました。また、開発側の取り組みについても、その想いだけでなく、技術的な工夫や開発に当たっての苦労、ブレイクスルーになった研究開発など、より内容的に深めたものを用意し、じっくりと読んでもらえるものへと変えていきました。

また、ＬＰへのアクセスも蓄積されデータとして大きくなっているので、一般的なGoogleアナリティクスを使ったセッション数やコンバージョン数、コンバージョン率、直帰率の解析やより詳細なヒートマップ解析などを進め、コンテンツの入れ替えや内容の改善を進めています。

さらに時間が経てば今後はレイトマジョリティ層が対象になります。より慎重に行動する層が対象になり、その範囲も広いのでペルソナと呼ばれる想定顧客像を絞り込むのも難しくなります。そのため私の会社では漫画版のLPを含め、3種類から4種類の方向性の違うLPを新たに用意しています。それをモニターを使ってそれぞれのLPについて反応の分析を深め、レイトマジョリティとの対話をどう進めていくのか検討していくことにしています。

心を動かすコミュニケーションはリアルもネットも同じ

対面でのコミュニケーションであれば、言葉や口調、視線の動きや表情、体の動かし方などで、こちらの話がどう受け止められているか、どこに共感があり、どこはまだ引っかかっているのかといったことが分かります。その都度リアルタイムでさまざまなトークの工夫によって解決し、販売に結びつけていきます。リアルな対面とEC販売はまったく異なるもののように受け止められがちで、一度LPをつくって公開すれば、あとは自動的に購入申し込みがくるかのように考えている人も少なくありません。しかし、リアルタイムの言葉のやりとりこそありませんが、ネットでも顧客との相互のコミュニケーションがあり、それが進行し深化して、顧客に納得が生まれたときに販売が成立するということには違いはありません。

顧客の心を動かすコミュニケーションが成立しなければ売れないという意味では、リアルもネットもまったく同じです。そのやりとりや修正にタイムラグがあるところだけがリアルとネットの違いです。リアルの場合は違うと思ったらすぐに巻き戻してやり直すことができます。極端に言えば、笑ってごまかすとか、聞こえなかったふりをすることもできるのです。しかしネットではできません。こちらが用意したものによる一発勝負です。反応を見ながら事後的に修正していくことになります。

その意味でもLPは簡単には修正が効かない重要なプレゼンテーションであり、同時に、修正しながらより効果的なものにしていくことはあらかじめ前提になっているということです。

LPをコミュニケーションを深めていく媒体として有効なものにするためには、漫然と万人向けにものをつくったのでは発展性がありません。ペルソナを厳密に設定し、それに対してどういうコミュニケーションが必要なのかを細部にわたって検討していくことが必要です。確かにＥＣサイトはリアルな対面のように一対一のものではなく、相手が見えない一対マスという性格をもっています。ＥＣサイトにアクセスしてくるのが誰であるかは見えません。商品によって高齢者はいないだろうとか、女性が多いだろうとか大ざっぱな傾向は読めますが細かく絞り込むことは不可能です。しかしだからといってペルソナを大きな括りのままであいまいにしておくことはできません。ペルソナを絞り込んであたかも一人の顧客を前にして、その人が購入してくれる道筋であるカスタマージャーニーを想定してＬＰのコンテンツを用意し、構成することが必要です。ペルソナに合わない人はアピールの対象として切り捨てるべきであり、それをしないで万人向けにしてしまったら誰にも刺さらないのです。

リアルなコミュニケーションにトークスクリプトがあるように、ＬＰにもトークスクリプトがあり、それを緻密につくりあげていく必要があるのです。そして常に反応を見ながら振り返り、どこを厚くしてどこを削除するか、どんな内容をどこに追加すべきか、といったことを徹底的に掘り下げ、改善を重ねていきます。「なぜここで止まってしまったのか、何が気になってこちらに飛んだのか」――サイト訪問者のデジタルフットプリントを分析しながら、現在のLPのどこにコミュニケーションの流れを止めているものがあるのかを検討します。一度つくったらそのままということはあり得ません。対面でのリアルな会話が双方のキャッチボールのなかで認識が深まり、購入へと進んでいくように、ECサイトのコミュニケーションもLPの改善というキャッチボールを展開しながら、顧客とのエンゲージメントを深めて購入申し込みへと導いていくことが必要です。

リアルなイベントと組み合わせさらに顧客層を拡大

正規のEC販売代理店としてのポジションを確実なものとするためには、戦略的な広告費の投入、SEO対策、コンテンツの工夫や見直しを常に行うと同時に、体験イベントの開催、カスタマーサービスの充実など、リアルな場面での顧客接点の拡大も必要です。SNSの発達でリアルな体験はすぐにデジタル上のコンテンツとなってネット上に流通します。その意味でもリアルなイベントの実施がデジタル上のコンテンツを拡大することにつながります。リアルイベントを組み合わせることが、ネット上の話題を継続させたり、改めて関心を引き寄せるといったことに有効になるのです。

このシャワーヘッドに関してもECサイトの販売力は非常に大きかったのですが、レイトマジョリティさらにはラガード（遅滞者）と呼ばれる「あとから登場する顧客候補」をしっかりキャッチするためにも、デパートやショッピングセンターなど多くの主婦層が集まるリアルな場でのイベント開催は有効です。こうした人々は日常的にインターネットを駆使して新しい情報を集めるといったことはしません。仮に、新しく珍しいモノや急速に話題となっているモノを耳にしてもむしろそれには警戒心をもち近づかないようにする傾向があります。そのため自分から接近しなくても話題のモノに触れることができるリアルなイベントは、彼らとの接点をつくる大きなチャンスになります。知名度の高いタレントを起用すればさらに効果を高めることができます。

私たちも販売当初はECサイトに集中しつつ、2年目に入ってからはメーカーに声を掛けて並行してリアルなイベントの企画から準備、当日の運営までを担っていきました。これがファン層の拡大、SNSなどでのイベント報告といったECサイトのコンテンツを豊富にすることにもつながり、相乗効果を発揮しながら顧客層の着実な拡大に貢献するものになりました。

ECサイトの運営をファモンドから切り離す

ECサイトの運営を始めて間もなく、私は新会社GWFを設立しました。ファモンドのリソースはほとんど使っていなかったとはいえ、ファモンドの一事業部門として進めていたECサイト事業をスピンアウトし、ファモンドから切り離すためです。

サイトは最初のわずか1カ月でファモンドの年商に匹敵する1億5000万円の売上を記録しました。仕入れ額だけでも相当の額に上ります。仕入れと販売がバランスを保つことができればよいのですが、仮にECサイトの売上が急激に減少するようなことが起きれば、過大な仕入れ負担だけが残ることになります。当初の年間1200本を仕入れる契約も大幅に数を増やすことでメーカーとは合意していて、そうなれば仕入れに関するファモンドのリスクはさらに高まります。そこでECサイトの事業は切り離して外に持ち出すことにしたのです。万が一にもファモンドの経営に影響をもたらさないようにするためです。ファモンドの事業は当時の社員に譲渡しました。営業担当者として入社して当時で10年近く仕事をしてきた人物です。営業成績も抜群によく、入社3年目で課長に抜擢していました。「顧客の喜ぶことをもっとやっていきたい」という熱意に溢れていて、その後は経営戦略チームに入ってもらい執行役員レベルの仕事をしてもらっていました。この社員なら安心だという思いがあり、私は完全に抜けて新たにGWFを設立してECサイト事業を継続することにしたのです。

第6章

究極は自分が売りたいものだけで勝負すること
セールスの原点に立って生産者と消費者のハブになる

売れる理由はモノではなく顧客のなかにある

GWFの業務はECサイトの事業を継続することがメインですが、新たな事業として美容と健康に特化したポータルサイトを開設することを決め、準備期間は1年と定めました。衝撃的な出会いであったシャワーヘッドはぜひ販売を担って消費者に届けたいと思った商品でしたが、同時にこのECサイト販売を、将来の自社ポータルサイト立ち上げのステップにしたいという思いは当初からありました。顧客にとって本当に価値のある商品を届けること、「本当に良いものを売れるモノにすること」は、訪販の世界に入って以来の私の一貫した目標です。それをスチームクリーナーで、ハウスクリーニングサービスで、そしてシャワーヘッドで、一貫して追求してきました。このポータルサイトは、その間の25年間のセールスとマーケティングで学んだことのすべてを注ぐつもりでした。本当に良いものだけを厳選して顧客に届け、顧客が買うかどうか悩まなくても安心して買える――メーカーや販売する側から見れば、セールスもマーケティングも不要にする究極のサイトを構築することを目指そうと思いました。

冷蔵庫や洗濯機のような生活の必需品ではなく、しかも1台40万円もするスチームクリーナーを1回の訪問で売ること、汚れで機械の運転に不具合が出ているわけでもないエアコンや換気扇、浴室などの清掃サービスをコンスタントに受注すること、ただ汗を流すためだけなら必要というわけでもない高価なシャワーヘッドを販売すること――いずれも簡単なことではありませんでした。顕在化しているニーズはないのです。

しかし私は、その販売成績や販売代理店としての売上で、常に圧倒的な数字を残すことができました。

モノもサービスも飽和し、どうしても必要なモノなど見当たらないという〝超充足社会〟で私が販売に成功してきた理由で最も大きなものは、3段階を意識した顧客とのコミュニケーションでした。モノが飽和した時代に、モノがもっている機能や性能を示して「これは良いものです」と言っても顧客の心は動きません。それは当たり前であり、特に望まれているものでもありません。今顧客がお金を出して買おうかなと心を動かすのは、それが果たす機能が欲しいからではなく、それを所有し使うことが自分のライフスタイルや自分らしさを表現し、心や暮らしを豊かにすることになると思うからです。

スチームクリーナーの強力な洗浄能力が欲しいのではなくて、薬品を使わずスチームによってきれいにするという考え方、思想を表現でき、QOLが向上するから買いたいと思うのです。エアコンをはじめ住まいの隅々をクリーニングするのは、汚れに困り果てているからではなく、健康や環境にも配慮しつつ、心豊かに家族との生活を送りたいという自分のライフスタイルの表明なのです。超微細な気泡で毛穴の中まできれいにするシャワーヘッドを買うのも、その汚れに悩んでいるからではなく、きれいになったあとに得られる自信に満ちあふれた生き方を買っているのです。売れる理由は、モノやサービスのなかにあるのではなく、それを採用する顧客の頭の中にあります。顧客が表現したいものと一致したときに、モノやサービスは売れるのです。

スチームクリーナーもハウスクリーニングもシャワーヘッドも「私はそういう人間である」というメッセージの具現化をサポートするものとしての価値が認められたから売れたのであり、今はそこに踏み込まなければ売れません。3段階でコミュニケーションを進化させてきたのは、その気づきを顧客のなかにつくる方法論として有効だからです。

顧客が発したいメッセージの担い手であると認識されることがモノやサービスが売れることであるとすれば、売るためには顧客とのパーソナルなコミュニケーションが必要です。売れる理由は一人ひとり異なり、自覚の道筋も人によって異なるからです。そのパーソナルなコミュニケーションの媒体として力をもっているのがＥＣ販売です。ＥＣサイト自身が一つの世界観を表現し、「そこに私の世界がある」という気づきをつくって顧客との親密な関係を構築することが可能になるからです。それに気づかせてくれたのがこのシャワーヘッドの販売でした。

ＥＣ販売は顧客を絞り込んでいける

雑誌などの紙媒体でもそのデザインや記事の内容で「私の好みに合う世界観が表現されている」と読者に認識してもらうことは可能です。

しかしこうしたマス媒体は多くの発行部数や視聴者を獲得しなければならないので、受け手を絞り込むことはできません。ファッション誌や情報誌は一定の購読層を想定しますが、それでも世代や年収で大きく括る程度です。販売部数の確保を考えれば、最小限の絞り込みしかできません。その分、編集者（売り手）と読者（顧客）の関係は緩やかで幅の広いものに落ち着かざるを得ません。

一方ＥＣ販売なら、ＬＰのデザインや雰囲気、画像やテキスト内容などを一定の方向に絞り込んでいけば、波長の合わない顧客は離脱していきます。サイト側が「こういう顧客と付き合っていきたい」と商品価格帯・広告配信属性のターゲティング・販売戦略を考え、それにふさわしいデザインやコンテンツを用意すれば、狙いに合った人だけを残留させることができるのです。

さまざまな仮説を立て、随時ページをつくり直すことができます。反応やその内容を具体的に確かめながらさらに変更を加えていくことができます。つまり顧客層をどんどん絞り込むことができるのです。有料の雑誌媒体と違ってインターネットの入り口は無料で、サイトに流入する人の母数は非常に大きなものです。絞り込んだからといって顧客が細ってしまう心配はなく、仮に数が減っても、雑誌媒体のようにそれで収入が減ることもありません。

今顧客が求めているのは、それが自分のライフスタイルや価値観に合っているのかということです。そこに納得しなければ購入には進みません。そのためには、「便利」「快適」「美しい」といった万人向けの価値の提示では効果がありません。ピンポイントで顧客の世界観とぴったり一致していることを示すことが必要です。そのためＥＣサイトの表現力や可変性は大きな魅力です。

しかもＥＣサイトは顧客と常時接続でき、１冊の雑誌の情報量をはるかに超えた情報をいつでも提供することができます。

スマートフォンさえあれば顧客はいつでもどこからでも、１回、２回のタップでアクセスできます。そのサイトは自分のことをよく分かってくれていて、自分の好みや世界観に合ったデザインや言葉、画像、話題で出迎えてくれます。探していた商品についても単に数値的な性能情報が掲載されているだけでなく、誰がどういう思いでつくったのか、どこにこれまでにない特徴があるのか、それは自分の生活にどんな変化をもたらしてくれるのか、自分と同じような人間がその商品をどう受け止め、どのように生活に活かしているのかといった意味や価値のレベルでの興味深い情報が用意され、ゆっくりと読むことができるのです。さらにそこには、他の商品やそのメーカーに関する数冊の本にも相当するさまざまな情報があり、それが整理されて格納され、自分のペースで継続して少しずつ読むこともできます。しかも双方向性があり、質問をしたり要望を伝えて、その返事を聞くこともできます。同じ好みをもつ顧客の声を聞くこともでき、直接やりとりをすることもできます。リアルな店舗で同じような心地よい体験や密なコミュニケーションを成り立たせることは不可能に近いと思います。

サイトを訪れた顧客のフットプリントはデジタルデータとして残りますから、運営側はその分析に基づくさまざまなアクションを通して顧客との関係をさらに親密なものにしていくことができます。1対マスで、例えば雑誌を販売しても、顧客がどのページに関心を寄せ、どれほどの熱意で読んでくれたか、発行者は知ることができません。しかしサイト上の情報コンテンツなら、誰がいつどの記事を読み、それがどのような関心を喚起して次にどの情報につながり、購買行動が起きたのか、それがすべてデータとして取得できます。そしてそのことは顧客との関係をさらに深めるために、今後どういう情報が必要かということをサイトの運営側に教えてくれます。

生涯顧客化により利益率の向上を目指す

そもそも今はある特定のモノが、大きなマーケットで爆発的に売れるという時代ではありません。誰もが共通に欲するモノはすでに行き渡っているからです。1回の「爆発」に期待することはできません。売るためにはライフスタイルや価値観の一致で顧客を引き込むことが必要です。売るためには長期的な関係の構築が求められています。

マーケティングの世界には「1：5の法則」や「5：25の法則」と呼ばれる定説があります。前者は新規顧客の獲得のためには既存顧客維持に比べて5倍のコストが必要になるというもの、後者は顧客の離脱を5％抑えることができれば、利益率は25％向上するというものです。いずれも既存顧客との関係維持がいかに効率的で重要かということを示したものです。

また、モノを買って所有することから、必要なときに借りて使うという消費スタイルに社会のトレンドが大きく変わるなか、購入という形にとらわれずに、顧客への価値提供を行っていくことも企業の大切な役割になっています。その意味でも、顧客を自社にとっての優良顧客として組織化し、関係を継続させファンにしていく「生涯顧客化」は、モノ売りが難しい今の市場で非常に有効なマーケティング手法です。一つの商品を媒介に1回限り付き合うのではなく、価値観を共有するセグメントされた顧客と〝濃い〟関係をつくることが必要です。

ＬＴＶ（Life Time Value：顧客生涯価値）という指標が強調されるようになったのもそのためです。ＬＴＶは一般的に、顧客の年間取引額×粗利率×継続購買期間という式で求められます。リカーリング（従量課金制）やサブスクリプション（定額利用制）といった継続的なサービスがさまざまな場面で主流になりつつある今、企業は1回の売買でどれだけの利益を得るかではなく、既存顧客と生涯にわたる関係を築くなかで、どれだけの利益を上げていくかということを検討していかなければならないのです。

「カスタマーセントリック（顧客中心主義）」という言葉も、この文脈のなかで改めて語られるようになりました。自分のニーズにぴったりと合った商品やサービスに出会った顧客は、その企業（ブランド）との結びつきを強め、ロイヤルカスタマーになっていきます。今はロイヤルカスタマーをいかに多く所有するかに売上の拡大や企業の成長が掛かっています。

しかもEC販売においては常時接続という関係が確保されるので、販売者と顧客の関係は販売後も継続します。従来のモノの売買は、売った瞬間が売上の発生であり、同時に販売者と顧客の「関係の終わり」でした。あとは何かが起きたときの「アフターサービス」でしかありません。

しかしEC販売では、販売側と顧客の関係はメールアドレスなどを通じて親密に形成されています。リアル店舗にふらっと来店して現金でものを買って帰っていった顧客は店舗にとってアノニマスな存在ですが、EC販売では決済情報などとともにメールアドレスが取得でき、資料のダウンロードがあった場合などは購入前の検討段階から関係が築かれています。もちろん購入後も、顧客が常時携帯しているスマートフォンを媒介にEC店舗と顧客はつながり続けます。

むしろ購入後こそ顧客が商品を使い始め、期待した価値を享受しようとする段階であり、販売側にとっては価値提供が実現しているかどうか、最も気にしなければならない段階です。

ＥＣ販売は販売後もデジタルのネットワークを通して販売側と顧客が親密な関係を維持できる販売方法であり、それが顧客のファン化を生み、次の販売、あるいは顧客の紹介などにつながっていきます。コストとしての「アフターサービス」ではなく、継続的な売上につながる関係の永続化策としての「カスタマーサクセス」が強調されるようになっているのもそのためです。これもＥＣ販売という販売スタイルがあらかじめもっている特徴です。

セールスもマーケティングも不要にする

顧客との関係が深まり親密度が増せば、セグメントされた顧客層にとって、「このサイトに並んでいる商品は私の欲しいものが多い」と感じてアクセスすることが楽しみになります。サイトが提案する商品は常に自分に合ったものという感覚で受け止め、そこにある商品は積極的に購買を検討するようになります。

本や音楽をECサイトから購入していると、間もなくAIによって好みに合った未知のモノがレコメンドされ「確かにこれは自分好みだ」と驚かされることがあります。その精度は目に見えて向上し、今ではAIが次に何をレコメンドしてくるのか楽しみ、という人も少なくありません。これもサイトへのアクセス内容が細かく分析され、他のさまざまなデータとの連携も進んでいるからですが、今後もさらに幅広いデータの投入とAIの高度な利用が進めば「今自分が買うべきモノを教えてくれるサイト」として認識される可能性があります。顧客にとってはそのサイトを見れば、確実に自分にとって必要であり魅力のあるモノが並んでいるのです。それらの商品をいちいちチェックする必要も感じません。それは自分のパーソナルな世界であり、欠かさずにチェックし訪問したい場所になります。

もしEC販売サイトが顧客にそういうものとして認識されれば、すでにそれ自体が最強の販売マシンだということになります。自社の狙い通りに絞り込まれた顧客を有するEC販売サイトは、そこに情報をアップすれば商品が自動的に売れる世界なのです。

さらにサイトが顧客にとってここまで身近な存在になれば、顧客の側から「こういう商品があればうれしいので見つけてほしい。なければつくってほしい」という声も集まります。それに応えていけば、双方向のコミュニケーションを通して一緒に新たなモノをつくりあげていくサイトになります。企画の手間も広告費もいっさい掛けることなく売れる商品が開発でき販売できるのです。ＥＣサイトはそこまで顧客を育てていける可能性をもっています。

顧客を選び組織化する

実際にサイトをつくってオープンする前に、まず私が進めたのは顧客の絞り込みでした。

ファモンドのクリーニングサービスでも、単なるサービス提供に加えて、ニュースレターの発行や友の会の組織化、クリーニング関連にとどまらないさまざまなイベントを企画・実施して友の会をベースにした顧客との交流を深めていきました。具体的な事業イメージはまだなかったものの、次の事業展開を支え私の会社ならではの顧客基盤づくりを進めていました。

ＥＣサイトでも単にそれを販売するだけでなく、購入者のなかからさらに顧客として関係を強化したい人をこちらから絞り込み、従来の友の会と合わせ、私の会社とより親密な関係にある顧客組織をつくっていこうと思いました。

このシャワーヘッドは1本約5万円です。決して安い商品ではありません。しかも最低限の生活を保つために不可欠な必需品というわけではありません。美容にこだわりをもち、高額でもあえて欲しいと考える人たちがこのシャワーヘッドの購入層です。これは私の会社がハウスクリーニング事業を通して追いかけている顧客と重なります。このシャワーヘッドの購入客と関係強化を図り、その組織化を進めることがポータルサイト開設への最初のステップになりました。

このシャワーヘッドの購入層へ向けての展開として、ポータルサイトを通してまず行ったのがアンケートとメールマガジンの発行です。3年にわたる販売店業務を通して、約4万件を上回る購入者リストを得ています。その顧客に対して商品そのものに関してはもちろん、美容・健康への関心事などについてのアンケートを行いました。またメルマガで美容関連情報と商品情報を定期的に送りました。取りあえずは一方通行の情報提供ですが、購入後もECサイトとの接点を維持してもらうことが狙いです。このシャワーヘッドはマイクロバブルを含む水流で肌の汚れを落とす機能がすぐれていますが、逆に言えば、肌は裸になった状態ですから、何のケアもしなければ有害なものが入りかねません。きれいにしたあとの日常のケアをどうするかという、使用者なら誰もが知りたい次のテーマがあります。それに関する知識や私の会社が推薦するナチュラルなスキンケア商品などを紹介していきました。また、サイトには同商品に関する連載コラムを用意しているので、そこへの誘導という意味ももたせました。

また、サイト販売開始当初から設けているカスタマーセンターも人を厚くして充実させました。当初は2カ月、3カ月という納品待ちの状態が発生してしまっていたことから、問い合わせ対応、クレーム対応が必須となり、そのための窓口という意味合いが強いものです。しかし1年を経過して物流も安定したため、顧客の情報収集窓口としての積極的な位置づけを行い、ユーザーとの会話のなかから新たなニーズを引き出すことを心掛けるようにしていきました。

こうして購入をきっかけとした顧客との関係を、私の会社が発行したメルマガに対する反応や、紙上で推薦したスキンケア製品の購入などを通して、さらに深めていくことができたのです。

女性社員の声でスタートした商品開発

シャワーヘッドの販売を通して、従来のファモンドの友の会組織に親和性の高いＷｅｂ経由の顧客層を新たに獲得したことから、いよいよ私はそうしたメンバーの購買行動の受け皿となるポータルサイトの構築に着手しました。

ハウスクリーニング受注とシャワーヘッドの受注を通して、すでに顧客像は絞り込まれています。40歳代以上70歳代前半くらいまでの主婦で、住まいや健康、美容への関心が高く、同時に環境負荷の大きなものは好まず、ナチュラル志向が強いことです。そして自分が必要と思えば5万円程度の買い物は抵抗なく楽しめること――そうした主婦層を私の会社は顧客リストとしてもっています。ＥＣ販売を通して得たリストはまだ絞り込みが浅いものですが、今後のポータルサイトの運営を通じた物品販売やリアルなイベントの案内などを通してより精度の高い顧客名簿、新たな友の会組織へと発展させていくことができます。この組織は究極の「売れる組織」です。組織化されたメンバーが何を求めていて、どういうものなら響くかということがあらかじめ分かっているからです。

ECサイトの運営に当たる新会社として設立したGWFに新たに6人を採用し、独自のポータルサイト構築に向けて行動を開始しました。「顧客の美容と健康の悩みに寄り添えるオンラインショップ」をコンセプトとして、サイト名は「itscoco（イッココ）」に決めました。「いつ」でも「ここ」で安心してショッピングをしたり相談にきてほしいという意図を込めたものです。

まず進めたのは既存の商品に私たちの会社独自の視点で改良を加えたOEM商品の開発です。将来的には友の会の求めるモノをヒアリングしながら、独自商品を開発・販売したいと思っていました。それが友の会をもつ私の会社の強みだからです。しかし100％の自社オリジナル商品の開発には時間が掛かります。いくつかを織り交ぜるにしても、スタートはOEM商品を含めたセレクトショップ形式にして強みである販売力を活かして事業の基礎を築くことにしました。

OEM商品づくりに当たっては、まず気になるメーカーの商品や美容展示会に出ているものなどを細かくチェックすることから始めました。友の会メンバーが関心をもちそうなモノをピックアップしてその開発のコンセプト、経営者の思い、使用原料や成分、効能などを細かくヒアリングし、さらに社員やその家族などで使用感、効果などを確認します。「すべて実際に試して効能をチェック」「ユーザーの求めるものに合致しているかを確認」という原則を貫きながら、製品としての特徴を際立たせるために一部の効能を強化するといった改良を加え、自社で新たに商品名をつけて化粧水や美容液、フェイスマスクなどの開発を進めました。

第1号となったのは、高保湿美容乳液を配合したオールインワンのフェイスマスクです。肌にやさしい厚手のコットン100%のシートに天然由来の美容成分をたっぷりしみこませた高機能・高保湿性が特徴です。アルコールフリー、無香料、無鉱物油、無着色、パラベンフリー（防腐剤フリー）という5つのフリーを徹底することで、顧客層のナチュラル志向に沿ったものにしました。

開発を主導したのはECサイトのカスタマーサポートの仕事をしていた女性従業員でした。自身も2人の子育てをしながら働く30歳代半ばの主婦です。仕事に家事や子育てに慌ただしい毎日を送るなか、肌のシミやハリについての悩みを抱えながらも、ケアに掛ける時間はない、お金もないと悩んでいました。今は解決できないと諦めかけていたとき、たまたまテレビでまったく同じ悩みを抱えている女性の声に接して「私と同じように悩んでいる女性はたくさんいる。なんとか役立つモノをつくりたい。本当に良いモノで、価格が手頃で、同じ悩みをもつ女性を助けられるモノを」という考えで「うちの会社でつくりたい！」と社内で声を上げたところからのスタートでした。

設立間もないGWFに商品開発部門や技術部門があるわけではありません。エンジニアもいません。そもそも当時は私を入れても従業員は9人で、1人の主婦の思いからのスタートでした。手持ちの技術や材料、設備を活かさなければというものづくり側からの発想はいっさいなく、化粧品ユーザーとしての希望だけから始まったものづくりです。

その後は、この女性従業員がリーダーになって市場調査、同じ悩みをもつ女性へのヒアリングを重ね、開発するのはフェイスマスクと具体的に絞り込み「10日に1回10分で十分な効果が得られること」「天然由来の美容成分を基本にすること」といった基本方針を決定、製作を依頼するメーカーの選定、その後の成分配合の検討や変更、試作とモニターによるテスト、改良、再テストというサイクルを繰り返し、ようやく完成させることができました。設定した上限価格のなかで、美白にはこだわりたいというリーダーの思いもあり、最終の試作品に到達するまではかなりの試行錯誤がありました。そしてようやく完成した製品を女性社員や社員の家族がモニターとなってチェックし、一般ユーザーの立場からの「これなら間違いない」という声が確実に集められた段階で製品化をスタートさせ、自社ブランド第1号としてデビューさせました。

このフェイスマスクに続く自社ブランド製品として開発したのが美容液です。もともと美容サロン専売品だったモノを見つけて市販品に改良し、フェイスマスク同様、モニターのテストを繰り返して製品化しました。ヒト幹細胞を95%以上配合し、パラベンや香料不使用で私の会社の提供する商品にふさわしいものとなりました。

こうした自社オリジナル商品以外は、私たちが良いと判断した美容・健康商品を50点以上ラインナップしました。大きなショッピングモールには出さないと決めているメーカーのこだわりの商品をピックアップし、メーカーのトップや開発を担当した技術者に開発の意図や製品の特徴、これまでの商品にない注目点などを細かくヒアリングし、さらにすべての商品について社員や社員の家族が使用したうえで採用を決めています。

また商品の特徴や魅力をいかに会員に伝えるかということについても、独自の工夫を行っています。

まず選定に当たってのヒアリングを基にペルソナを確定、その人に対していかに訴求するか、詳細な検討を重ねます。

一般に開発者のこだわりの強い商品は、ユーザー目線を忘れてこだわりの部分ばかりを強調する傾向があります。まず何をアピールすべきなのか、次にどういう事柄を示すべきなのか、私たちが顧客の立場に立って表現すべき内容や強調すべきこと、展開の順序などを精査し、商品の紹介ページをつくっていきます。特に大切にしているのはここでも閲覧者がどのように認識を深めていくのか、その進展に沿って段階をしっかりと区切った展開をしていくことです。

またビジュアルやテキストについてもいくつものパターンを用意します。コピーライターを3人立て、それぞれが商品の特徴を自分なりに捉えてコピーワークとビジュアルの選択を行ってページを試作、できあがった3種類を実際モニターに比較してもらいます。私たちがもっている顧客リストからその商品のユーザー層に近いと思われる1000人（100人の場合も500人の場合もあります）を選定して先行して配信し、反応や売れ行きを見ます。いわばテストマーケティングです。ここでチェックするのは単なる注文数ではなく、どれが一番心に残ったか、その理由は何かということです。それをヒアリングしながら、またヒートマップでサイトの各コンテンツに対する反応を細かくチェックし、見ている人の年齢やさまざまな属性、これまでの購買歴、私たちの会社との付き合いの内容までクロスさせながら分析して、その結果で改めて商品ページのデザインや内容の修正を行い、完成させていよいよローンチということになります。もちろん公開後もユーザーの注目がサイト上のどこにあったかを検証しつつ、ページのブラッシュアップを続けていきます。

ＥＣ販売はサイトにアップすればそれで終わりと安易に考える人が少なくありません。

しかしそれは違います。リアルな面談のような臨機応変の応答ができないだけに、いかに顧客とのコミュニケーションを豊かなものにしていくか、さまざまな工夫が必要なのです。

顧客と一緒に歩み続けるサイトに

私の会社が運営するポータルサイトは、最大級の品ぞろえや多くの口コミが掲載されているわけではなく、多くのメーカーの商品とあらゆるネットユーザーを結びつけるという総合ポータルサイトを目指しているのではありません。また、「美容と健康に関連するものならなんでも」という幅の広さを特徴にした総合窓口を目指したものでもありません。

このサイトが目指しているのは、幅広さとは逆のことです。モノが溢れる時代にモノを売るために必要なのは、それが一人ひとりの生活をどのように豊かにするものであるかという価値の提示であり、新しい生活のストーリーを示すことです。

それはマスのモノではありません。誰もが同じ価値を感じて爆発的なヒット商品が生まれたのは、モノが不足していた時代です。このときにメーカーや広告代理店が行ってきたのは、瞬間的に大きなインパクトをつくり出すことであり、それによってできるだけ多くの人を振り向かせることでした。こちらを向いてさえもらえば、商品は売れていったのです。印象に残る映像、端的なコピーが求められました。しかし今購買につながる価値の提示の対象は、マスではなく細分化された一人ひとり、あるいはごく少数のグループに対するモノにならざるを得ません。誰でもよければインパクトの大きさが必要でしたが、今は価値観を同じくする人に、語りかけ共感してもらうことが必要です。それは量でいえば少ないのですが、質でいえば高い顧客です。LTVでこそ価値が明らかになる顧客です。1回の爆発的なヒットで売上を上げて、また次のヒット商品と顧客を探すのではなく――そもそもそういう市場はもう存在しないと考えるべきものです――少数であっても質の高い顧客との密接な関係をつくり維持しながら、長い時間を掛けて売上の累計金額を増やしていくというのが、今の売り方の基本です。LTVは顧客の年間取引額×粗利率×継続購買期間で求められるものでした。粗利率は簡単に変えられるものではありませんが、顧客との質の高い関係を築くことができれば顧客のロイヤリティ（企業やブランドに対する愛着、忠誠心）は高まり、関係が長期化し、そのため継続購買期間は延びて取引額も拡大します。ＬＴＶは大きくなっていくのです。

私たちがスタートさせたポータルサイトは、まさにこのような特定の顧客との信頼関係や親密な関係を前提に絞り込まれたものであり、それは美容と健康をテーマにある特定の専門店だけを集めた小さな、しかし、個性的で魅力的な専門店街のようなものといえます。

今、モノが売れるのはこうした場所なのです。それは私たちがつくった専門店街であると同時に、顧客が一緒につくっていく専門店街でもあります。まだ歩き出して間もないサイトですが、私たちが目指すのは、モノを通して販売者と顧客が向き合うのではなく、世界観や価値観をともにする大きな集合体のなかに、販売者も顧客もさまざまなモノや情報も存在しているという今までにないコミュニティです。

このコミュニティのなかでは、商品も一つのコンテンツとして存在します。商品が独自の機能を発揮するのは当然のことですが、それを超えてコミュニティを性格づけるコンテンツという意味をもっているのです。その場所にふさわしい人がいるように、その場所にふさわしいものとして存在します。そしてコミュニティ全体が一つのメディアとなって、ある世界観と価値観を提示しながら社会のなかに存在していくのです。それこそ私たちが目指すポータルサイトです。

何もしなくても売れる店になる

今、ポータルサイトが目指すのは、つくりあげたコミュニティをいかに育てていくかというところにあります。

現在はハウスクリーニングサービスとECサイト事業で浮かび上がった特定のユーザーを情報の受け手として想定しています。このサイトでの会員登録も促しました。オープン直後の2時間で2000人の申し込みがあり、現在は約8000人が登録会員となっています。

この8000人は、すでに一定の絞り込みができている私のサイトにとっての優良顧客です。さらに親密な関係づくりを進めることが私たちのポータルサイトを大きく育てていくものになります。現在は、サイトオープン以来の購入実績などから、会員のなかでもさらに上位の顧客が浮かび上がってきているので、こちらからアポイントを取り本人の住まいを訪ねてヒアリングを始めています。職業、家族構成といったネットではつかみきれていない属性・プロフィールをはじめ、美容や健康について今どういうことに関心をもっているのか、私たちのサイトをなぜいつも使ってくれているのか、どこに満足し、不満があるとすればどこか、今後どんな商品を期待しているか――こうしたことを上位5人の顧客について順次話を聞いていています。

目的は顧客像をもっと絞り込むことです。それに合わせた情報発信を行い、サイトのブラッシュアップを進めます。そうすることで、サイトが今以上に私たちがコンタクトしたいと思う人にとって魅力あるものとなり、それによってさらに多くの人が集まります。

今後どういうサービスを提供すべきか、答えはすべて顧客のなかにあります。ネットかリアルかではありません。両方が必要です。リアルとネットの相乗効果で、私たちネットの運営者とそこに集まる友の会メンバーの距離はどんどん縮まり、最終的には美しく豊かな人生の実現という目標に向かって一緒に歩む存在になります。

ここまでくれば、売るための宣伝は不要です。会員もサイト上の情報を読み込み判断するという手間がいらなくなります。このサイトにあるものは、すべて自分にとって何らかの価値があるモノと考えることができるからです。また、私たちと商品開発の意図を共有するメーカーにとっても、私たちのポータルサイトに商品が載ることがステイタスになり、載ることができれば黙っていても商品は顧客のもとに届くことになります。そこは売り手と買い手が出会うコミュニティであり、最強の販売の場です。

売れるかどうかは小手先のテクニックで左右されることではありません。リアルとネットを組み合わせながら的確にマーケティングを推進し、魅力あるコミュニティを創造する――私たちはそのような存在へと成長することで、世の中のあらゆる売れない悩みを、売れる喜び、買える喜びに変えたいと思っています。

おわりに

高校を出てそれからどうするか、確たる目標もなく、勤めに出るようになった自分を目覚めさせてくれたのは実家の自己破産でした。なんとしても稼がなくてはなりません。好きな仕事もそれまでの蓄えも住み慣れた家も、何もかも失ってしまった両親とそれを陰ながら支えてくれた叔母、自分の夢を諦めて「俺は実家に帰って日雇いでもなんでもしてオヤジとオフクロを助ける。おまえは家のことは気にせずに夢に向かって頑張れ」と言ってくれた兄にも報いるために、とにかく1円でも多く稼がなければと思っていました。それが一番手っ取り早くできると思って飛び込んだ訪問販売の世界です。

しかし、いかに稼ぐことが自分にとって大事でも、相手が納得しないまま押しつけるように売ることだけは絶対にしたくないと思っていました。訪問販売に再訪はありません。そのとき1回がチャンスのすべてです。売りたい、しかも気持ちよく売りたいという高い目標を、しかも、1回の訪問の機会で実現するという難題を背負って、私の本格的な社会人生活はスタートしました。

私にはそれが良かったのだと思います。

どうやったら心の底から「これが買えて良かった」と思ってもらえるのか――訪問販売を続け、その後起業してハウスクリーニングサービスを売るようになっても、一貫して私が考えていたのは押し込むように売るのではなく、引きで売ることでした。

売れる力は、あらかじめ売ろうとしているモノやサービスに内在しているわけではありません。それを取り出して「ほらこんなにすごいのです」と示しても、それをすごいと思ってくれるかどうかは相手次第です。「自分が良いと心から思えるモノなら売れる」という人もいます。しかし、それは違います。それにお金を出して手に入れたいと思う価値は、顧客の頭のなかに形成されるもので、商品のなかにも、売り手の頭のなかにもありません。相手のなかにあるものを引き出して、いかにして相手に見えるようにするのか――売るという行為は結局のところ、相手のモノに対する認識を助ける行為だと思います。その媒体となるのがリアルな会話であるのか、インターネット上のやりとりであるのか、それは大きな違いではありません。必要なことは、相手の思考の旅を助け一緒に歩くことです。ゴールにあるのは相手の豊かな暮らしであり喜びです。自分の幸せではなく、相手の幸せを創造することだからモノやサービスを売るのは楽しいのです。自分の幸せのために売ろうとする限り売れません。相手の幸せのために売るのです。そして相手の幸せの創造が私に跳ね返って私の幸せになります。

会社経営も同じです。それは私の満足や幸せのためにあるわけではありません。

「稼がなければいけない」という切実な思いで始まった私の旅は、一人でも多くの人に幸せを届けること、という販売の原点を教えてくれるものになりました。ＡＩをはじめとするさまざまなデータ活用ツールが発展して、売り手と顧客の距離はますます縮まると思います。しかしそれがどのようなルートでどうつながっても、売り手が考えるのはモノやサービスの受け手である顧客一人ひとりの幸せです。これからも、私のこの思いに共感して一緒に歩んでくれている従業員とともにセールスやマーケティングの世界を突き詰めていきたいと思っています。

今、私の会社では5年以内に売上１００億円を達成する「１００億円プロジェクト」を進めています。それを共通の目標にして、従業員一人ひとりが経営者になったつもりですべてをぶつけてチャレンジしています。ただしこのプロジェクトは、金額が目標ではありません。みんなで一緒に取り組んでいくというプロセスのなかで、一人ひとりが成長のきっかけをつかんでほしいと思っています。仕事とは、結局はそこで何を学べるかです。生活のためにするものではなく、自己成長こそ本当の目的です。この会社が従業員一人ひとりにとってその場所になればうれしく思います。

最後に、これまで重要な局面で私にさまざまな学びの機会を与えてくれた、ベスト合同会社 朝倉正儀様、有限会社 Winks 中谷佳正様、眞心マーケティング ムラモトヒロキ様、VERDE Entertainment 山田芳裕様、株式会社サイエンスの皆様、株式会社ＧＷＦ従業員一同、そして、私の好き勝手なビジネスライフをいつも笑顔で面白がって見守ってくれる妻と子どもたち、両親、「ようこばさん」、兄弟姉妹、今後、出会い関わるすべての人に、心からの感謝の気持ちを伝えて筆をおきます。ありがとうございました。

橋谷義仁（はしたに・よしひと）

株式会社GWF代表取締役社長

1976年12月鳥取県生まれ。高校卒業後、いくつかの職を経て、21歳でハウスクリーニング関連の販売会社に入社。40万円のスチームクリーナーを訪問販売。すぐに全国1000人中のトップ10に入った。23歳で支店長。全国1000人以上の営業マンに営業ノウハウ・マインドを教えた。その後、自身の独断でスチームクリーナーのモノ売りからハウスクリーニングのサービスに転換。支店の売上を伸ばしたが、会社が評価しないため退職。同じビジネスモデルで31歳で独立。独立後はさらに顧客の人生が楽しく豊かになることに貢献したいという想いで、掃除教室や趣味を楽しむリアルイベントを開催。主婦層の心をつかみ、事業をさらに拡大した。

ハウスクリーニング事業の傍ら、自らが高く評価した浄水シャワーヘッドの販売代理店となり、ECサイトを立ち上げて販売を開始、すぐに代理店トップの売上を記録した。それらの販売実績をベースに健康と美容のポータルサイトを自社で立ち上げ、自社開発商品や自社が本当に良いと判断できたモノだけを厳選し、小規模ながらこだわりをもって良いモノをつくっている生産者をサポートしている。2019年度の同社の売上高は約7億円、2020年度約12億円、2021年度約13億円。

本書についての
ご意見・ご感想はコチラ

SALES&MARKETING
ネットでもリアルでも圧倒的な結果を出す
セールスの極意

2023年4月28日　第1刷発行

著　者　　橋谷義仁
発行人　　久保田貴幸

発行元　　株式会社 幻冬舎メディアコンサルティング
〒151-0051　東京都渋谷区千駄ヶ谷4-9-7
電話　03-5411-6440（編集）

発売元　　株式会社 幻冬舎
〒151-0051　東京都渋谷区千駄ヶ谷4-9-7
電話　03-5411-6222（営業）

印刷・製本　中央精版印刷株式会社
装　丁　　村上次郎

検印廃止

Printed in Japan
ISBN 978-4-344-94485-5 C0034
幻冬舎メディアコンサルティングＨＰ
https://www.gentosha-mc.com/